HOME GUARD LIST 1941
Eastern Command

HOME GUARD LIST 1941

Eastern Command

Bedfordshire
Cambridgeshire
Essex
Hertfordshire
Huntingdonshire
Isle of Ely
Norfolk
Suffolk

Published from original material held by the Imperial War Museum Department of Printed Books

© Copyright Savannah Publications

All rights reserved. No part of this publication may be reproduced, stored in a retrieval system, or transmitted in any form or by any means, without permission.

Published by Savannah Publications, 90 Dartmouth Road, Forest Hill, London SE23 3HZ
Tel: +44 (0) 208 244 4350 Email: savpub@dircon.co.uk
Website: www.savannah-publications.com

British Library Cataloguing in Publication Data:
A CIP catalogue record is available from the British Library

ISBN: 1 902366 22 0

Printed in the UK by Print Solutions Partnership

Cover design by Reggie Freeman

Cover photograph of the Home Guard was probably taken in the West Midlands (from the collection of Jon Mills)

INTRODUCTION

Jon Mills

Created in May 1940 when a German invasion seemed imminent, the Local Defence Volunteers (LDV) were by July - and at Winston Churchill's insistence - renamed the Home Guard (HG). In the early days there were no ranks in the force and no officers. There was a system of appointments and some of these were clearly perceived as officers, but the War Office refused to grant military status to civilians and, with it, associated powers over regular troops.

It was not until February 1941 that the Home Guard was entitled to military ranks. Following the practice of the *Army List*, all HG officers were listed in the *Home Guard List*, of which this is the first edition. A separate list was published for each of the Military Commands into which the United Kingdom was divided. Subsequent editions were published at intervals until a final 'stand down' edition, dated October 1944, but actually published in August 1945.

These are some of the most rare documents of the Second World War. The size of the Commands dictated the number of copies printed and this was usually between 300 and 500 copies per Command. With the disbandment of the Home Guard, most seem to have been destroyed. Their republication provides an opportunity to study those who formed the Home Guard and laid the basis for the efficient defence force that it became. Many of those listed had already served their country during the First World War and the frequency with which the initials DSO, MC, DCM and MM appear after the officers' names indicates many brave and experienced soldiers serving as Home Guard officers. It is also interesting to find some who had already, by the time this list was published, been rewarded for services in the Second World War. More than one holder of the George Medal, not instituted until 1940, appears in the pages of these lists.

Each list has the same format. A dated title page is followed by a listing of the units within the publication. Corresponding to the HG's operational and administrative structure, this proceeds down the chain of command from Areas, to Zones, Groups and Battalions. Battalions are numbered within the counties in the Command, with any subsidiary title indicating a town, area or sometimes public utility where the battalion is based (e.g. 35th City of London (Hackney) Bn, 52nd

County of London (Wandsworth) Gas Company Bn). Railway Company and General Post Office Battalions, together with some small independent units are also listed. At the end of each list is an alphabetical index showing on which page individuals can be found. A small section lists officers who have recently died and been removed from the List.

Within battalions, officers are listed by rank from the Commanding Officer downwards. Decorations to which they were entitled are indicated by post-nominal letters. In some cases former service is shown (for example, Major, late Rhodesia R, 2nd Lt Late E. Lanc. R.). HG battalions often varied in size and hence by number of officers. The 7th Cheshire (Crewe) Battalion has, including the regular Quartermaster (QM) and the Medical Officer, 98 officers in its ranks (including one retired Lieutenant Colonel serving as a 2nd Lieutenant). A few pages away the 11th Cheshire (Middlewich) Battalion has 38 officers (and no regular QM). The final entry for each officer gives his seniority date in the List. In the case of this List, an academic point, as they all have the date 1st February 1941, that at which HG officers were granted military rank.

These Lists will prove invaluable for medal collectors who can trace HG service and Defence Medal entitlement for many decorated officers, for local historians researching local personalities and for family historians now able, for the first time, to track down the commissioned service of their relatives who served with this unique force.

Eastern Command

This is probably the smallest of the Commands, as there were few large towns calling for numerous battalions. This predominantly rural Command covered the counties of Suffolk, Norfolk, Cambridgeshire, Bedfordshire, Huntingdonshire, Hertfordshire, Essex (less those parts in Greater London) and the Isle of Ely. With few large towns, the area did not suffer air attack as heavily as many others, but Yarmouth, Norwich, Lowestoft and Ipswich were regular targets. When these attacks took place, the Home Guard gave great assistance to the Civil Defence forces. Typical were the so-called Baedekker raids on Norwich in April 1942 when over 200 people died. In the absence of such calls to action, much time was spent learning the soldier's basic craft. It was a typical incident in training that had already earned 2nd Lieutenant S.J. White, 1st Essex Home Guard Battalion an MBE for preventing loss of life whilst grenade training. Lieutenant White's MBE was not gazetted until three months after the date of this list. Many similar stories can be discovered in this list.

Jon Mills

TABLE OF CONTENTS

	Page
Army Council	1
Home Guard Directorate	2
Special Appointments	3

AREAS

East Anglia, North	58
East Anglia, South	5

ZONES

Bedfordshire	78
Cambridgeshire	85
East Norfolk	58
Essex	21
Hertfordshire	5
Huntingdonshire	94
Isle of Ely	99
Mid Norfolk	69
Post Office	103
Suffolk	41
West Norfolk	73

GROUPS

Eastern, (Essex Zone)	31
Western, (Essex Zone)	21
No. 1., (Herts. Zone)	5
No. 2. Watford, (Herts. Zone)	15
Post Office	103
No. 1., (Suffolk Zone)	41
No. 2., (Suffolk Zone)	47
No. 3., (Suffolk Zone)	53

BATTALIONS

1st Bedfordshire	78
2nd "	79
3rd "	80
4th "	81

TABLE OF CONTENTS - continued

BATTALIONS - continued

			Page
1st	Cambridgeshire		85
2nd	"		86
3rd	"		86
4th	"		88
5th	"		89
6th	"	(East Anglian Post Office)	90
7th	"		91
8th	"		91
1st	Essex		21
2nd	"		31
3rd	"		32
4th	"		23
5th	"		24
6th	"		33
7th	"		34
8th	"		35
9th	"		36
10th	"		25
11th	"		26
12th	"		27
13th	"	(Independent, Post Office)	38
14th	"		37
1st	Hertfordshire		6
2nd	"		7
3rd	"		8
4th	"		9
5th	"		10
6th	"		15
7th	"		11
8th	"		15
9th	"		17
10th	"		17
1st	Huntingdonshire		94
2nd	"		95
3rd	"		95
1st	Isle of Ely		99
2nd	"		10.

56455-1(3)

TABLE OF CONTENTS - continued

BATTALIONS - continued

			Page
1st	Norfolk		69
2nd	"		73
3rd	"	(Forward Half)	58
3rd	"	(Rear Half)	69
4th	"		59
5th	"		59
6th	"		61
7th	"		74
8th	"		61
9th	"		70
10th	"		63
11th	"		65
12th	"		74
13th	"		65
1st	Suffolk		41
2nd	"		53
3rd	"		54
4th	"		43
5th	"		47
6th	"		48
7th	"		49
8th	"		44
9th	"		50
10th	"		55

Deaths, List of 106

ARMY COUNCIL

CAPTAIN <u>the Right Honourable</u> H. DAVID R. MARGESSON, <u>M.C., M.P.</u>, ret.
    SECRETARY OF STATE FOR WAR
    (<u>President of the Army Council.</u>)

BRIGADIER-GENERAL <u>the Lord</u> CROFT, <u>C.M.G., T.D.</u>, ret. T.A.
    PARLIAMENTARY UNDER-SECRETARY OF STATE FOR WAR
    (<u>Vice President of the Army Council.</u>)

GENERAL <u>Sir</u> JOHN G. DILL, <u>K.C.B., C.M.G., D.S.O.</u>, Col. E. Lan. R., <u>i.d.c., p.s.c.</u>†
    <u>A.D.C.</u>
    CHIEF OF THE IMPERIAL GENERAL STAFF (<u>First Military Member.</u>)

LIEUTENANT-GENERAL <u>Sir</u> RONALD F. ADAM, Bt., <u>C.B., D.S.O., O.B.E.</u>, Col. Comdt.
    <u>R.A. and A.E.C., i.d.c., p.s.c.</u>†
    ADJUTANT-GENERAL TO THE FORCES (<u>Second Military Member.</u>)

GENERAL <u>Sir</u> WALTER K. VENNING, <u>K.C.B., C.M.G., C.B.E., M.C.</u>, Col. D.C.L.I., <u>p.s.c.</u>†
    QUARTER-MASTER-GENERAL TO THE FORCES (<u>Third Military Member.</u>)

LIEUTENANT-GENERAL (temp.) Sir HENRY R. POWNALL, <u>K.B.E., C.B., D.S.O., M.C., i.d.c.,</u>
    <u>p.s.c.</u>†
    VICE-CHIEF OF THE IMPERIAL GENERAL STAFF (<u>Fourth Military Member.</u>)

LIEUTENANT-COLONEL <u>Sir</u> EDWARD W. M. GRIGG, <u>K.C.M.G., K.C.V.O., D.S.O., M.C., M.P.</u>, ret.
    PARLIAMENTARY UNDER-SECRETARY OF STATE FOR WAR (<u>Civil Member.</u>)

CAPTAIN E. D. SANDYS, <u>M.P.</u>, R.A. (T.A.)
    FINANCIAL SECRETARY OF THE WAR OFFICE (<u>Finance Member.</u>)

<u>Sir</u> ROBERT J. SINCLAIR, <u>K.B.E.</u>
    DIRECTOR-GENERAL OF ARMY REQUIREMENTS.

<u>Sir</u> JAMES GRIGG, <u>K.C.B., K.C.S.I.</u>
    PERMANENT UNDER-SECRETARY OF STATE FOR WAR
    (<u>Secretary of the Army Council.</u>)

HOME GUARD DIRECTORATE

Director-General	Maj.-Gen. (actg. 3/6/41) the Visct. Bridgeman, D.S.O., M.C., ret. pay (Res. of Off.) p.s.c.✝ (L)	3/ 6/41
Military Assistant	Capt. (actg. 4/3/41) L. A. Impey, Gen. List	3/ 6/41
Deputy Director	Lt.-Col. (temp. 18/11/40) K. Bayley, O.B.E., Oxf. & Bucks. L.I., p.s.c.✝	—
Inspector of Administration	Lt.-Col. (actg. 7/5/41) P. C. Vellacott, D.S.O., Gen. List	7/ 5/41
Dep. Asst. Directors	Maj. (temp. 27/6/41) U. O. V. Verney, ret. pay (Res. of Off.)	27/ 3/41
	Capt. A. M. Lindsay-Thomson, Res. of Off.	—
Staff Captains	Capt. (temp. 1/3/41) E. H. Ryley, Gen. List	30/11/40
	Capt. (temp. 26/2/40) C. E. Hodgson, M.B.E., R. War. R.	3/12/40
	Capt. R. T. Burton, O.B.E., Res. of Off.	—
	Capt. T. R. Wilbraham, Rifle Bde.	21/ 5/41

TERRITORIAL ARMY

Director-General	Maj.-Gen. (actg. 3/6/41) the Visct. Bridgeman, D.S.O., M.C., ret. pay (Res. of Off.) p.s.c.✝ (L)	—
Deputy Director-General	Lt.-Col. J. A. Longmore, M.B.E., T.D., Herts. R. (T.A.) t.a.	—

SPECIAL APPOINTMENTS

POST OFFICE GROUP

Commander	Reid, Col. F., M.C., T.D. (Lt. Col. ret. T.A.)	1/ 2/41
Second in command	Edwards, Lt.-Col. L. J.	1/ 2/41

LONDON MIDLAND AND SCOTTISH RAILWAY GROUP

Commander	Hussey, Col. G.S., M.C. (Capt. late R.E.)	1/ 2/41

SOUTHERN RAILWAY GROUP

Commander	Wymer, Col. F. J. (Capt. late R.G.A.)	1/ 2/41
Staff Officers	Ellson, Lt.-Col. K. R. (Lt. T.A.Res.)	1/ 2/41
	Layton, Lt.-Col. H. F., M.C. (Capt. late Rifle Bde.)	1/ 2/41
Staff Officer (A)	Mathews, Maj. H. S.	1/ 2/41
Assistant Staff Officer (A)	Cooper, Capt. C. J.	1/ 2/41
Assistant Staff Officer (G)	Reynolds, Lt. C. H.	1/ 2/41
Signals Officer	Hall, Maj. G. L.	1/ 2/41
Transport Officer	Potter, Maj. A. B.	1/ 8/41

EASTERN COMMAND

General Staff Officer, 1st grade	Tatham, Lt.-Col. (actg.) W. H., R. Fus. (T.A.)	–
General Staff Officer, 2nd grade (Liaison)	Erskine, Maj. (temp. 12/7/41) The Lord, G.C.S.I., G.C.I.E., M.P. Res. of Off.	12/ 4/41
General Staff Officer, 3rd grade	Quackett, Capt. (temp. 26/11/40) H. S., Gen. List	26/ 8/40
Dep. Asst. Adjt. & Qr.-Mr.-Gen.	Herries, Maj. (temp. 22/8/40) L. W., P. Corps	13/ 3/41

EAST ANGLIA SOUTH AREA

Home Guard Commander	Deedes, Brig. Sir Charles P., K.C.B., C.M.G., D.S.O., (Gen. ret. pay.) (Res. of Off.)	1/ 2/41
General Staff Officer, 1st grade	Campion, Brig. (temp. 24/11/37) D.J.M., D.S.O., ret. pay. (Res. of Off.)	–
General Staff Officer, 3rd grade	Leach, Capt. R. W., ret. pay	3/ 7/40
Staff Captain	Lowther, Capt. (temp. 13/10/40) A.E., Res. of Off., t.a.	13/ 7/40

HERTFORD ZONE

Commander	Phillips, Col. E. C. M., D.S.O., T.D., A.D.C., (Col. T.A.)	1/ 2/41
Second in Command	Banbury, Lt.-Col. C. E.	8/ 7/41
Assistant to Commander	Harris, Capt. G.	1/ 2/41
Territorial Army Association administering.	Hertfordshire T.A. Association, 1, The Wash, Hertford, Herts.	

NO.1 GROUP

Commander	Woodcock, Col. W. J., D.S.O., (Hon. Brig.-Gen. ret. pay.)	1/ 2/41

EAST ANGLIA SOUTH AREA - contd.

HERTFORD ZONE - contd.

NO. 1 GROUP - contd.

1st HERTFORDSHIRE BATTALION

Lt.-Colonel
Hughes-Hallett, J. V. (Capt. ret. pay) (Res. of Off.)   1/ 2/41

Majors
Barclay, M. E., T.D.   1/ 2/41
Butterley, H.   1/ 2/41
Buxton, I., D.S.O.   1/ 2/41
Grant, J. C.   1/ 2/41

Captains
Sharpe, Sir William R. S., Knt.   1/ 2/41
Stamper, T. H. G., M.C.   1/ 2/41
Veasey, T. H., M.C.   1/ 2/41

Lieutenants
Ashford, A. J.   1/ 2/41
Beard, P. T.   1/ 2/41
Berryman, M. L.   1/ 2/41
Coleman, G. E.   1/ 2/41
Corp, M. E.   1/ 2/41
Dixon, A. C. W.   1/ 2/41
Gerard, The Lord   1/ 2/41
Harvey, F.   1/ 2/41
Holland, R. D.   1/ 2/41
Hunnybun, W.   1/ 2/41
Kemsley, W. R.   1/ 2/41
Kingston, P. D.   1/ 2/41
Lukies, L. H.   1/ 2/41
Matthews, W. H.   1/ 2/41
Roff, L. G. J.   1/ 2/41

Lieutenants - contd.
Scott, G. A.   1/ 2/41
Streeter, T. T.   1/ 2/41
Swann, H.   1/ 2/41
Tyrwhitt Drake, C. W.   1/ 2/41
Watts, G. R.   1/ 2/41
Wilson, D. G.   1/ 2/41
Wyld, R. V.   1/ 2/41
Wilde, E. A.   18/ 4/41
Kemmis, L. W.   7/ 5/41
Ward, A. O.   6/ 6/41

2nd Lieutenants
Aldenham, The Lord   1/ 2/41
Buss, A. H.   1/ 2/41
Wainwright, E. D.   1/ 2/41
Sheaves, H. E.   1/ 2/41
Gadsdon, G. H.   30/ 5/41
Mabey, A. R.   30/ 5/41
Light, H. F. T.   6/ 6/41
Rogers, D. N.   6/ 6/41
Brant, A. G.   7/ 7/41

Adjutant & Quarter-Master.

Medical Officer.
Hailey, Capt. E. N.,   27/ 5/41

EAST ANGLIA SOUTH AREA - contd.

HERTFORD ZONE - contd.

NO. 1 GROUP - contd.

2nd HERTFORDSHIRE BATTALION

Lt-Colonel
Harrison, J. F.	1/ 2/41

Majors
Vaughan, C. G.	1/ 2/41
Darling, T., M.C.	1/ 2/41
Delme-Radcliffe, R.	1/ 2/41
Jones, A. N. G., D.S.O.	1/ 2/41
Usher, T. C.	1/ 2/41
Williams, C. A., O.B.E.	1/ 2/41

Captains
Farnell-Watson, H. R.	1/ 2/41
Jameson, G. B., M.C.	1/ 2/41
Oldham, R. D¹O., M.C.	1/ 2/41
Pryor, W. M., D.S.O.	1/ 2/41
Puxley, H. W. L.	1/ 2/41

Lieutenants
Cannon, C. H.	1/ 2/41
Barom, E. W.	1/ 2/41
Catton, E. G., M.C.	1/ 2/41
Chenery, G. R. J.	1/ 2/41
Cuthbert, E. P.	1/ 2/41
Darby, A. F.	1/ 2/41
de Zoete, H. W.	1/ 2/41
Finnimore, E. J.	1/ 2/41
Flawn, N. G.	1/ 2/41
Fordham, W. H.	1/ 2/41
Ginn, F. G.	1/ 2/41
Gribble, L. J. G.	1/ 2/41
Harkness, W. E.	1/ 2/41
Harris, W.	1/ 2/41
Hewett, M.	1/ 2/41
Hutchinson, G. W.	1/ 2/41
Jacklin, J. V.	1/ 2/41
Jones, S. D., M.M.	1/ 2/41
Marshall, G.	1/ 2/41
Pilkington, H. C.	1/ 2/41
Pratt, O.S., D.S.O.	1/ 2/41
Radmore, T. T., M.C.	1/ 2/41
Rice, R. C. P.	1/ 2/41
Salaman, R. N.,	1/ 2/41

Lieutenants - contd.
Sopp, A.	1/ 2/41
Swan, J. W.	1/ 2/41
Tomson, M., M.C.	1/ 2/41
Waters, F. G., M.C.	1/ 2/41
Willmott, W. G.	1/ 2/41
McMurtrie, D. S. A.	1/ 2/41
Newman, Sir Cecil G. J., Bt.	1/ 2/41
Thacker, S.	11/ 6/41
Rowley, A. T.	25/ 6/41

2nd Lieutenants
Cameron, M.A.	1/ 2/41
Capstick, G. H.	1/ 2/41
Clark, G. G. J.	1/ 2/41
Etheridge, L. F., M.C.	1/ 2/41
Fagg, W. G.	1/ 2/41
Gostling, L. M., M.M.	1/ 2/41
Handley, E. S.	1/ 2/41
Pateman, R. B.	1/ 2/41
Picton, C. J.	1/ 2/41
Turner, G.	1/ 2/41
Wright, B. V.	1/ 2/41
Price, W. T. H.	1/ 2/41
Rackham, G.	1/ 2/41
Ritchie, J. D.	1/ 2/41
Thacker, R. H.	1/ 2/41
Blanchard, F. O.	1/ 2/41
Wrathall, W. P., D.S.O., M.C.	1/ 2/41
Nott, E. F.	25/ 3/41
Martineau, P.	9/ 6/41
Richardson, R. G.	9/ 6/41
Inman, A.	10/ 6/41
Watkins, A. E.	10/ 6/41
Detmold, W. E. J.	12/ 6/41
Rooker, T. G.	30/ 6/41

Adjutant & Quarter-Master

Medical Officer
Theron, Capt. D. S.,	7/ 5/41

EAST ANGLIA SOUTH AREA - contd.

HERTFORD ZONE - contd.

NO. 1 GROUP - contd.

3rd HERTFORDSHIRE BATTALION

Lt.-Colonel

Lucas, C. H. T., C.B., C.M.G., D.S.O., (Maj.-Gen. ret.pay) (Res. of Off).	1/ 2/41

Majors

Church, G. S., C.B.E., M.C.	1/ 2/41
Elliot, A. C., M.C.	1/ 2/41
Howard, A. G.	1/ 2/41

Captains

Mortimore, H. W.	1/ 2/41
Sworder, F. R.	1/ 2/41
White, R. A. V., M.C.	1/ 2/41

Lieutenants

Addington, E. J. W.	1/ 2/41
Appleton, R. J. W.	1/ 2/41
Barnes, W. T.	1/ 2/41
Belfield, E. G.	1/ 2/41
Bowie, J.	1/ 2/41
Bulleid, W. A.	1/ 2/41
Chalmers-Hunt, N. G.	1/ 2/41
Champion, C. C., D.S.O.	1/ 2/41
Clouting, S. F.	1/ 2/41
Dove, R. S., M.C.	1/ 2/41
Eaton, R. J.	1/ 2/41
Ensum, D. G. C.	1/ 2/41
Freeborn, J.	1/ 2/41
Hawkes, A., M.C.	1/ 2/41
Hirst, F. H.	1/ 2/41
Holton, A. E.	1/ 2/41
Laugharne, O. K. S.	1/ 2/41
Marques, C. A.	1/ 2/41
Newsom, J. H.	1/ 2/41
Nicholls, W. H.	1/ 2/41
North, T. R.	1/ 2/41
Patterson, J. C.	1/ 2/41
Ryan, J. A., M.C.	1/ 2/41
Sutcliffe, T. C.	1/ 2/41
Sworder, C. W.	1/ 2/41
Tatham, T. E.	1/ 2/41
Turner, H. R.	1/ 2/41

Lieutenants - contd.

Upton, E. A.	1/ 2/41
Wilson, J. F.	1/ 2/41
Newlove, J. A.	1/ 2/41
Ashton, C. F.	27/ 3/41
Holmes, W. H. M.	26/ 6/41
Saunders, A. G.	26/ 6/41

2nd Lieutenants

Baggallay, E. P. B.	1/ 2/41
Blackett-Ord, W. E.	1/ 2/41
Clark, L. J.	1/ 2/41
Coulson, A. V.	1/ 2/41
Fair, C. H., D.S.O.	1/ 2/41
Flint, G.	1/ 2/41
Harris, W. C. W., M.C.	1/ 2/41
Howe, S. W.	1/ 2/41
Lee, S. J.	1/ 2/41
Madgin, R. W. W.	1/ 2/41
Macfarlane, G.	1/ 2/41
McKenzie, T. R., M.C.	1/ 2/41
Wittering, H. W.	1/ 2/41
Shepherd, J. W.	1/ 2/41
Soames, M. H., T.D.	1/ 2/41
Mansfield, C.	1/ 2/41
Palmer, S. D.	1/ 2/41
Whiskin, C. W., M.M.	1/ 2/41
Longland, J. L.	20/ 5/41
Randall, H. S.	26/ 6/41
Goodman, A.	11/ 7/41
Walker, E., M.C.	16/ 7/41
Cattell, H. G.	18/ 7/41
Timms, W. D.	24/ 7/41

Adjutant & Quarter Master

Medical Officer

Kerr, Maj. R. E. J., M.B.,	7/ 5/41

EAST ANGLIA SOUTH AREA - contd.
HERTFORD ZONE - contd.
NO. 1 GROUP - contd.

4th HERTFORDSHIRE BATTALION

Lt.-Colonel

Acland, Sir William H. D., Bt., M.C., A.F.C., T.D.	1/ 2/41

Majors

Greenwood, R. N., M.C.	1/ 2/41
James, J. H.	1/ 2/41
Maitland, J. K., M.C., T.D.	1/ 2/41
Maslin, J. M. F.	1/ 2/41
Reiss, R. L.	1/ 2/41

Captains

Fairbairn, W. R.	1/ 2/41
Happell, D.	1/ 2/41
Ling, E. M.	1/ 2/41
Randall, C. F.	1/ 2/41
Reid, J. D.	1/ 2/41

Lieutenants

Acland, L. H. D., M.C.	1/ 2/41
Adams, D. R.	1/ 2/41
Alexander, R., M.C.	1/ 2/41
Arbuthnot, R. W. M., M.C.	1/ 2/41
Beach, W. J.	1/ 2/41
Bower, H. R., M.C.	1/ 2/41
Bradbeer, A. J.	1/ 2/41
Brown, R. L. McG.	1/ 2/41
Bull, A. C. H.	1/ 2/41
Davis, A. P.	1/ 2/41
de Soissons, L. E. J. G. de S-C., O.B.E.	1/ 2/41
Dicks, H.	1/ 2/41
Fleetwood-May, C.	1/ 2/41
Gifford, F.	1/ 2/41
Goodyear, S.	1/ 2/41
Hasledine, J. F., M.C.	1/ 2/41
Hewson, C. J.	1/ 2/41
Jenner, L. W.	1/ 2/41
Jones, S. G.	1/ 2/41
Morrison, J. B.	1/ 2/41

Lieutenants - contd.

Rayns, R. E. M.	1/ 2/41
Reynolds, R.	1/ 2/41
Rowsell, C. H.	1/ 2/41
Spickernell, Sir Frank T. K.B.E., C.B., D.S.O.	1/ 2/41
Stodart, J. C.	1/ 2/41
Tabor, H. E.	1/ 2/41
Taylor, J. A.	1/ 2/41
White, A. J.	1/ 2/41
Wilshere, G. M. G.	1/ 2/41
Woosnam, M.	1/ 2/41
Charles, E. E., D.S.O.	1/ 2/41
Allwright, W.	26/ 5/41
Pocock, H. E. P., M.M.	2/ 6/41
Noakes, E. J. W.	2/ 6/41

2nd Lieutenants

Avril, S. M., V.D.	1/ 2/41
Beevor, M.	1/ 2/41
Claridge, G. S.	1/ 2/41
Dunham Jones, E.	1/ 2/41
Ellen, C. W., M.C.	1/ 2/41
Gammell, J. R., M.C.	1/ 2/41
Gough, G.	1/ 2/41
Harwood, H.	1/ 2/41
Limb, N. W.	1/ 2/41
Masters, H. A.	1/ 2/41
Wright, G. J.	1/ 2/41
McGrath, J. W.	1/ 2/41
Sutherland, G. G.	21/ 3/41

Adjutant & Quarter-Master

Mitford, Capt. Hon. J.P.B. O.F.	18/ 5/41

Medical Officer

Dunne, Maj. J. S., D.S.O., F.R.C.S.	7/ 5/41

EAST ANGLIA SOUTH AREA - contd.

HERTFORD ZONE - contd.

NO. 1 GROUP - contd.

5th HERTFORDSHIRE BATTALION

Lt.-Colonel
West, R.W. — 1/2/41

Majors
Wenham, J. K. L. — 1/2/41
Anstruther, D. T. — 1/2/41
Arthur, Sir Charles G., Knt., M.C., V.D. — 1/2/41
Doble, H. L. — 1/2/41
Smith, J. H., M.B.E., M.C. — 1/2/41
Todd, H. M. — 1/2/41
Bernard, R. P. St.V., D.S.O., M.C. — 1/2/41
Mortimer, W. — 3/6/41

Captains
Cory-Wright, D. — 1/2/41
Keene, R. W. B. — 1/2/41
Mercer, F. — 1/2/41
Plummer, A. F., M.C. — 1/2/41
Mayall, R. C., D.S.O., M.C. — 1/2/41
Thornton, H. G. — 3/6/41
Waters, R. S., O.B.E. — 16/6/41

Lieutenants
Barlow, E. — 1/2/41
Bassett, D. D., M.C. — 1/2/41
Bateman-Jones, E. H. — 1/2/41
Brown, N. A. S. — 1/2/41
Cordes, J. L. B. H. — 1/2/41
Gape, E. J. — 1/2/41
Joel, J. H. — 1/2/41
Jones, C. R. — 1/2/41
Keen, B. A. — 1/2/41
Lewis, A. H. — 1/2/41
Martin, A. T. — 1/2/41
Martin, G. C. — 1/2/41
Pease, C. A. — 1/2/41
Reynolds, A. E. — 1/2/41
Sharpe, A. J. — 1/2/41
Shuffrey, R. A. — 1/2/41

Lieutenants - contd.
Stebbings, G. H. — 1/2/41
Stonebridge, W. C. — 1/2/41
Wardill, H. — 1/2/41
Warren, G. C. — 1/2/41
Baum, J. — 1/2/41
Harwood, A. — 1/2/41
Mercer, T. G. — 1/2/41
Muir, D. — 1/2/41
Northover, R. — 17/5/41
Harrison, J. E. — 31/5/41
Goring, P. G. — 8/6/41
Faulkner, F. D. Y. — 17/6/41
Staples, A. J. — 17/6/41
James, A. D., M.C. — 2/7/41
Long, H. E. O.B.E. — 4/7/41

2nd Lieutenants
Brading, E. J. — 1/2/41
Foster, L. F. — 1/2/41
Lewis, H. R. — 1/2/41
Dunkley, A. H. — 1/2/41
Rogers, W. P. — 1/2/41
Taylor, E. W. — 1/2/41
Sargeaunt, J. E. — 27/5/41
Peet, T. O. — 31/5/41
Peters, B. G. — 10/6/41
Vincenzi, L. — 5/7/41
Hobbs, H. R., D.C.M. — 16/7/41

Adjutant & Quarter-Master

Medical Officer
Hill, Maj: C., M.D., — 7/5/41

EAST ANGLIA SOUTH AREA - contd.

HERTFORD ZONE - contd.

NO. 1 GROUP - contd.

7th HERTFORDSHIRE BATTALION

Lt.-Colonel

de Soissons, A. P. de S. C., O.B.E. (Maj.late Border R. Spec. Res.)	1/2/41

Majors

Crauford, R. Q., D.S.O.	1/2/41
Grover, C. W.	1/2/41
Haslam, R. H.	1/2/41
O'Kelly, H. K., D.S.O.	1/2/41
Swann, H.	1/2/41

Captains

Lewis, J. H.	1/2/41
Robertson, R. D.	1/2/41
Russell, R., M.C.	1/2/41
Jessop, T. A.	1/2/41

Lieutenants

Barker, C. C.	1/2/41
Brock, A. St. H.	1/2/41
Bryan, N. T.	1/2/41
Curwen, H. T.	1/2/41
Davies, W. E.	1/2/41
Gray, J. N., D.S.O.	1/2/41
Hale, E. T.	1/2/41
Harrison, D.	1/2/41
Hartcup, G. H. W.	1/2/41
Henderson, M. S.	1/2/41
Jerrams, N.	1/2/41
Kelly, N. E.	1/2/41
King, H. T.	1/2/41
Lief, S.	1/2/41
Lovering, C. D., M.C.	1/2/41
Messum, H. R.	1/2/41
Millar, A. A.	1/2/41
Newell, W. J.	1/2/41

Lieutenants - contd.

Newport, P. G.	1/2/41
Robertson, D., M.C.	1/2/41
Ross, A. H., C.B.E.	1/2/41
Ryder, L. A.	1/2/41
Smith, A.D.	1/2/41
Taylor, S.	1/2/41
Vranch, V. C.	1/2/41
Wilkins, L. S.	1/2/41
Thwaites, N. G., C.B.E., M.V.O., M.C.	5/6/41

2nd Lieutenants

Ashford, A. F.	1/2/41
Chappell, S. T.	1/2/41
Crook, W. G. S.	1/2/41
Cryer, V. N.	1/2/41
Davies, V. P.	1/2/41
Dixon, A..C..	1/2/41
Farquhar, A.	1/2/41
Hay, C. D. E.	1/2/41
Kilvington, J. B.	1/2/41
Lovering-Moon, A.	1/2/41
Meadows, R.	1/2/41
Tyler, E. H.	1/2/41
Wade, E. D.	1/2/41
Wykeham-Musgrave, A. G., M.C.	1/2/41
Priestland, F. E.	1/2/41
Randall, A. H.	1/2/41
Yeats-Brown, F., D.F.C.	5/6/41

Adjutant & Quarter-Master

Medical Officer

Macdonald, Maj: W. G., M.B.,	31/5/41

EAST ANGLIA SOUTH AREA - contd.
HERTFORD ZONE - contd.
NO. 2 (WATFORD) GROUP

Commander	Briggs, Col. W. H., (Bt: Col. Durham L. I. Spec. Res.) 1/2/41

6th HERTFORDSHIRE BATTALION

Lt.-Colonel
Colliver, H. W., M.C. (Maj. late R. A.)   1/2/41

Majors
Edwards, H. M., D.S.O.   1/2/41
Fusedale, S. K.   1/2/41
Taylor, T. R.   1/2/41

Captains
Wilson, C. T.   1/2/41
Barker, A. E.   19/5/41

Lieutenants
Barham, A. W.   1/2/41
Batkin, W. B.   1/2/41
Gardner, A. Y.   1/2/41
Mounsey, J. G.   1/2/41
Smith, P. L.   1/2/41
Wells, F. G., M.M.   1/2/41
Woods, P. C.   1/2/41

2nd Lieutenants
Cocksedge, A. G.   1/2/41
Connolly, R. C. H.   1/2/41
Davies, W. G. L.   1/2/41
Gruchy, R. S.   1/2/41
Hosking, C. A.   1/2/41
Manders, E. W.   1/2/41
Warde, G. E.   1/2/41
Ransom, D. H.   1/2/41
Goose, S. R.   30/5/41

Adjutant & Quarter-Master

Medical Officer
Dodds, Maj. R. L., M.Ch., F.R.C.P.   30/5/41

8th HERTFORDSHIRE BATTALION

Lt.-Colonel
Williamson, Hon. G. H. G., (Capt. late T. A.)   1/2/41

Majors
Black, D. N.   1/2/41

Majors - contd.
Bridewell, W. A.   1/2/41
Flint, G. G.   1/2/41

Captains
Pitkin, A.   1/2/41
Shanks, A. J., M.C.   1/2/41
Wallington, J., M.C.   1/2/41

Lieutenants
Ashby, C. E., M.C.   1/2/41
Cadman, W. H.   1/2/41
Campbell, J. J.   1/2/41
Cobb, P. C.   1/2/41
Farrant, V. T.   1/2/41
Halton, S. R.   1/2/41
Higgins, J. A.   1/2/41
Hodson, D. O'N., M.C.   1/2/41
Leonard, H. R.   1/2/41
Mason, S. G. H., M.C.   1/2/41
Millar, C. F. S.   1/2/41
Drummond, K. P.   7/5/41

2nd Lieutenants
Barrett, R. G.   1/2/41
Bowen, G. S., M.C.   1/2/41
Campbell, J. S.   1/2/41
Cork, N. B.   1/3/41
Davies, D., M.M.   1/2/41
Greig, H. L.   1/2/41
Jack, G. G., M.C.   1/2/41
Meighan, B. J.   1/2/41
Miners, A. B., M.C.   1/2/41
Nash, R.   1/2/41
Pollard, A. H.   1/2/41
Rooney, T., M.C.   1/2/41
Souster, S.   1/2/41
Clarke, J. C.   1/2/41
Waggett, C. J.   1/2/41

Adjutant & Quarter-Master
Ashmore, Capt. E. J. C., D.S.O., M.C. (ret. pay Ind. Army)   22/3/41

Medical Officer
Ash, Capt. H. A., L.R.C.P.   7/5/41

EAST ANGLIA SOUTH AREA - contd.

HERTFORD ZONE - contd.

NO.2 (WATFORD) GROUP - contd.

9th HERTFORDSHIRE BATTALION

Lt.-Colonel
Faulconer, R. C., M.C., (Capt. late T. A.) 1/2/41

Majors
Inwards, S. M.	1/2/41
Morrison, C. L.	1/2/41
Clymo, E. H.	6/5/41
Johnson, J.	6/5/41

Captains
Newill, R. W., A.F.M.	1/2/41

Lieutenants
Altham, T. F.	1/2/41
Crump, L. H. M.	1/2/41
Pratt, W. A.	1/2/41
Smurthwaite, F.	1/2/41
Teague, A. C.	1/2/41
Smith, H. G.	6/5/41
Player, W. G.	6/5/41
Duncan, H. G.	6/5/41
Smith, H. N.	6/6/41

2nd Lieutenants
Archer, S.	1/2/41
Gregson, W. H.	1/2/41
Judge, A. M.	1/2/41
Judge, H. L.	1/2/41
Neale, D. H.	1/2/41
Peake, C. A.	1/2/41
Williams, C. E.	1/2/41
Barham, T. W.	6/6/41
Meadows, G. W.	6/6/41
Sexton, F. G.	6/6/41
Whitelaw, J. D. A.	25/6/41

Adjutant & Quarter-Master

Medical Officer

10th HERTFORDSHIRE BATTALION

Lt.-Colonel
Cotton, C. K. (Capt. late Cheshire R.) 1/2/41

Majors
Graves, W. E.	1/2/41
Green, H. T.	1/2/41
Gregory, W.	1/2/41
Groves, J. R.	1/2/41

Captains
Carter, F. G.	1/2/41
Perks, P. J.	1/2/41
Ruffett, H.	1/2/41
Hargrave, C. H.	21/2/41

Lieutenants
Aldridge, A. E.	1/2/41
Barton, J.	1/2/41
Beavan, J. H.	1/2/41
Brookes, F. T.	1/2/41
Faulkner, H. S.	1/2/41
Frew, D. B., M.C.	1/2/41
Gascoine, A. C.	1/2/41
Greenhill, J. H. G.	1/2/41
Morris, J. W.	1/2/41
Prothero, H. J.	1/2/41
Purkiss, F. M.	1/2/41
Smee, J. W.	1/2/41
Venner, A. K.	1/2/41
Wilson, T. G.	1/2/41
Harris, A. C.	1/2/41
Willans, F. R.	27/3/41
Oxborrow, C. W.	31/5/41

2nd Lieutenants
Sapte, F. F.	1/2/41
Smith, R. M.	1/2/41
Bent, S. A., D.C.M.	1/2/41
Jenkins, H. H.	1/2/41
McCallum, J. B.	1/2/41
Nobbs, E.	1/2/41
Wood, A. B.	1/2/41
Spencer, L. N.	11/6/41

Adjutant & Quarter-Master

Medical Officer
Hills, Maj. T. W. S., T.D., M.B. 7/5/41

EAST ANGLIA SOUTH AREA - contd.

ESSEX ZONE

Commander	Ruggles-Brise, Col. <u>Sir</u> Edward A. Bt., <u>M.C.</u>, T.D., (<u>Bt.-Col. ret. T.A.</u>)	1/ 2/41
Assistant to Commander	(Gepp, Capt. H. H.	1/ 2/41
	(Ridley, Maj. G. V. N., <u>T.D.</u>	31/ 3/41
Territorial Army Association administering	Essex T.A. Association, Market Rd., Chelmsford.	

WESTERN GROUP

Commander	Charlton, Col. C. E. C. G., <u>C.B.</u>, <u>C.M.G.</u>, <u>D.S.O.</u> (H^{on.} Brig.-Gen. ret. pay)	1/ 2/41

1st ESSEX BATTALION

Lt.-Colonel
Burton, H.W., <u>O.B.E.</u> (<u>Col. late R.E.</u>)   1/ 2/41

Majors
Burrows, H. H.   1/ 2/41
Dowsett, H. L.   1/ 2/41
Mapleson, S.   1/ 2/41
Winder, H. W.   1/ 2/41
Wormington, W. T.   1/ 2/41
Wardrop, W. E. D., <u>D.F.M.</u>   1/ 2/41

Captains
Blackwell, C. E.   1/ 2/41
Faulke, W. G.   1/ 2/41
Hay, A. I.   1/ 2/41
Johnson, A.   1/ 2/41
West, R. W.   1/ 2/41
Eclair-Heath, S.   1/ 2/41

EAST ANGLIA SOUTH AREA - contd.

ESSEX ZONE - contd.

WESTERN GROUP - contd.

1st Essex Battalion - contd.

Lieutenants		2nd Lieutenants	
Barker, H. F.	1/ 2/41	Percival, R. L.	1/ 2/41
Bear, H. C., D.C.M.	1/ 2/41	Barnes, G. W.	1/ 2/41
Bentall, A., M.M.	1/ 2/41	Bentall, P.	1/ 2/41
Bicker, A. W., M.C.	1/ 2/41	Bird, B.	1/ 2/41
Busby, G. F. M. R.	1/ 2/41	Cobb, F. S.	1/ 2/41
Cousins, B. G.	1/ 2/41	Emsley, P. D. S.	1/ 2/41
Culham, A. S.	1/ 2/41	Gardiner, G. W. F.	1/ 2/41
Daniels, J. E.	1/ 2/41	Gladding, C.	1/ 2/41
Ford, C. G.	1/ 2/41	Gravestock, H. M.	1/ 2/41
Garrod, R. G.	1/ 2/41	How, W. G.	1/ 2/41
Haggar, J., M.C.	1/ 2/41	Jenkins, O. W.	1/ 2/41
Hardy, T. W.	1/ 2/41	Kean, C. P.	1/ 2/41
Heald, H.	1/ 2/41	Matthews, R.	1/ 2/41
Hepburn, W.	1/ 2/41	Mills, R. R.	1/ 2/41
Hooper, W. H.	1/ 2/41	Watson, F. E.	1/ 2/41
Jones, E. C., M.C.	1/ 2/41	White, S. J.	1/ 2/41
Joyce, W. P.	1/ 2/41	Sheppard, T. S.	1/ 2/41
Lockyer-Nibbs, A. T. G.	1/ 2/41	Smart, R. H.	1/ 2/41
Marshall, F.	1/ 2/41	Thorndycroft, H. W.	1/ 2/41
Mount, F. W.	1/ 2/41	Gardiner, B. W. R., D.S.M.	1/ 2/41
Rumsey, A. H.	1/ 2/41	Goulding, W.	1/ 2/41
Sanders, W. C. H.	1/ 2/41		
Tattersall, V. R.	1/ 2/41		
Terrey, C. F. I.	1/ 2/41		
Thorogood, G. R.; D.C.M.	1/ 2/41		
Tookey, W. H.	1/ 2/41		
Tucker, F. S.	1/ 2/41		
Archer, R. A.	1/ 2/41		
Brodie, J. Y.	1/ 2/41	Adjutant & Quarter-Master	
Clements, A. W.	1/ 2/41		
Morris, P. J.	1/ 2/41		
Riley, G. A.	1/ 2/41		
Holcroft, E. S.	6/ 4/41		
Smale, F. W.	3/ 6/41		
Hill, O. W.	3/ 6/41		
		Medical Officers	
		Bewes, Maj. A. G., L.R.C.P.	9/ 5/41
		Corner, Maj. S. G., M.D.,	30/ 6/41

EAST ANGLIA SOUTH AREA - contd.

ESSEX ZONE - contd.

WESTERN GROUP - contd.

4th ESSEX BATTALION

Lt.-Colonel
Bressey, Sir Charles H. Bt., C.B., C.B.E. (Lt.-Col. late R.E.)   1/ 2/41

Majors
Leggett, A.F.   1/ 2/41
Durrant, A. W., D.S.O.   1/ 2/41
Harris, W. J. T.D.   1/ 2/41
Mount, M. R. W. E.   1/ 2/41
Mullis, F. L.   1/ 2/41
Smith, A. J.   1/ 2/41
Thorby, P. E.   1/ 2/41

Captains
Bingham, W. J. J.   1/ 2/41
Lee, P. J.   1/ 2/41
Pett, H. B., M.C.   1/ 2/41
Thomson, E. W.   1/ 2/41
Moore, E.   1/ 2/41
Turtle, H.   1/ 2/41

Lieutenants
Airey, J. W. J., D.C.M., M.M.   1/ 2/41
Allen, H. E.   1/ 2/41
Barritt, V. S.   1/ 2/41
Burgess, H.   1/ 2/41
Coulthard, J.   1/ 2/41
Culver, J. G., M.C., M.M.   1/ 2/41
Dearberg, S. G.   1/ 2/41
Ellis, J.   1/ 2/41
Fox, W. K.   1/ 2/41
Gentry, A. V.   1/ 2/41
Graham, F.   1/ 2/41
Greene, A. H.   1/ 2/41
Gunson, J.   1/ 2/41
Huggins, A. E.   1/ 2/41
Mumford, R. J., M.M.   1/ 2/41
Newton, G.   1/ 2/41
Palmer, H. J.   1/ 2/41
Perrin, W. E.   1/ 2/41
Pillans, G. S.   1/ 2/41
Price, J. E. B.   1/ 2/41
Randle, F. H.   1/ 2/41
Simmons, P. N.   1/ 2/41
Styles, S. G.   1/ 2/41
Whitehead, F.   1/ 2/41

Lieutenants - contd.
Wight, A. N.   1/ 2/41
Carden, C. H.   1/ 2/41
Richards, G.   1/ 2/41
Thompson, L.   7/ 6/41
Roberts, H. S., M.C.   2/ 7/41

2nd Lieutenants
Barrell, H.   1/ 2/41
Bascombe, H. A.   1/ 2/41
Betts, G. H.   1/ 2/41
Boys, C. J. T.   1/ 2/41
Burton, A. J., D.C.M.   1/ 2/41
Byford, C.   1/ 2/41
Conner, G. H., M.M.   1/ 2/41
Eastaugh, H. G.   1/ 2/41
Evenett, P. M.   1/ 2/41
Gadsby, F. L.   1/ 2/41
Gilbey, G. D.   1/ 2/41
Griffin, J. W.   1/ 2/41
Hewitt, J. W. L., M.C.   1/ 2/41
Lishman, J. E.   1/ 2/41
Macey, A. E.   1/ 2/41
Mackrill, W. B.   1/ 2/41
Mayes, C. P., M.M.   1/ 2/41
Moss, T. W.   1/ 2/41
O'Neil, H. J.   1/ 2/41
Peek, L. M.   1/ 2/41
Tomalin, R. C.   1/ 2/41
Underwood, F. B.   1/ 2/41
Wilson, J.   1/ 2/41
Pratt, A. E.   1/ 2/41
Ross, R. M.   1/ 2/41
Rowe, J. B.   1/ 2/41
Skinner, E. F.   1/ 2/41
Tyler, E. L.   7/ 6/41
Mitchell, G. F.   25/ 6/41

Adjutant & Quarter-Master

Medical Officer
Smallbone, Maj. E. G.   13/ 6/41

EAST ANGLIA SOUTH AREA - contd.

ESSEX ZONE - contd.

WESTERN GROUP - contd.

5th ESSEX BATTALION

Lt.-Colonel
Bowen, H.R., D.S.O.   1/ 2/41
(Col. ret. pay) (Res. of Off.)

Majors
Henderson, P. C.   1/ 2/41
Ashton, H., M.C.   1/ 2/41
Duffus, C. S., O.B.E., M.C.   1/ 2/41
Pelly, H. R.   1/ 2/41
Roberts, A. B. L.   1/ 2/41
Waldram, H. G.   1/ 2/41

Captains
Angus, T. C., D.F.C.   1/ 2/41
Blake, H. R.   1/ 2/41
Gaymer, R. C.   1/ 2/41
Hansen, C. V.   1/ 2/41
Seward, F. W.   1/ 2/41
Williams, F.   1/ 2/41

Lieutenants
Allen, R. S. C.   1/ 2/41
Asplin, H. G.   1/ 2/41
Bere, T. E.   1/ 2/41
Conoley, J. C.   1/ 2/41
Cooper, A. Q., D.S.C., A.F.C.   1/ 2/41
Costin, M.   1/ 2/41
Dovey, F. J. H.   1/ 2/41
Drake, L. J.   1/ 2/41
Gardam, G. C.   1/ 2/41
Harvey, S. J.   1/ 2/41
Hodge, D.   1/ 2/41
Horn, J. V.   1/ 2/41
Ingleton, H. W.   1/ 2/41

Lieutenants - contd.
Jones, J. W. B.   1/ 2/41
Jordan, A. J.   1/ 2/41
Kynoch, A. R.   1/ 2/41
Lovell, J. C.   1/ 2/41
Magnus, V. M.   1/ 2/41
Macmillan, J. D.   1/ 2/41
Sawyer, H. H.   1/ 2/41
Stevenson, C. W. H.   1/ 2/41
Williams, E. F.   1/ 2/41
Kidd, G. J.   1/ 2/41
Tindill, A. G.   22/ 5/41
Johnson, A. E.   28/ 5/41
Poultern, H. J.   14/ 6/41
Golding, L. O.   7/ 7/41

2nd Lieutenants
Mackie, J.   1/ 2/41
Ogilvie, G. M.   1/ 2/41
Welford, C. R.   1/ 2/41
Raven, G. V.   1/ 2/41
Betts, H., M.M.   1/ 2/41
Muriel, J. H. L.   1/ 2/41
Wood, B.   14/ 6/41
Fane, F. L., M.C.   11/ 7/41

Adjutant & Quarter-Master

Medical Officer
Dyer, Maj. R. H., M.C., M.B.   9/ 5/41

EAST ANGLIA SOUTH AREA - contd.

ESSEX ZONE - contd.

WESTERN GROUP - contd.

10th ESSEX BATTALION

Lt.-Colonel
Davies, C. M., D.S.O., (Bt. Lt.-Col. ret. T.A.)   1/ 2/41

Majors
Jones, A. E., M.C.	1/ 2/41
Dent, G., M.C.	1/ 2/41
Edmunds, H.P.	1/ 2/41
Gilbey, F. N.	1/ 2/41
Gould, C. H.	1/ 2/41
White, J. D.	1/ 2/41

Captains
Bovill, E. W.	1/ 2/41
Francis, M. V. H.	1/ 2/41
Swire, J. K.	1/ 2/41
Manley, F. C., M.M.	1/ 2/41

Lieutenants
Barnwell, R. C.	1/ 2/41
Cory-Wright, A.	1/ 2/41
Doran, F. H.	1/ 2/41
Gingell, B.	1/ 2/41
Hutton, F. R.	1/ 2/41
Noble, F. H. N.	1/ 2/41
Raven, R. H.	1/ 2/41

Lieutenants - contd.
Reiss, H. B.	1/ 2/41
Rhodes, A.	1/ 2/41
Routledge, V.	1/ 2/41
Tavener, S. P.	1/ 2/41
Todhunter, B. E.	1/ 2/41
Vallance, G. W.	1/ 2/41
Walde, R. S.	1/ 2/41
Whiteman, J. M.	1/ 2/41
Williams, J. W. M.	1/ 2/41

2nd Lieutenants
Bowen, B. J.	1/ 2/41
Osborn, J.	1/ 2/41
Walker, C. T.	1/ 2/41

Adjutant & Quarter-Master

Medical Officer
Booth, Maj. W. N., M.B.   9/ 5/41

56455-1 (21)

EAST ANGLIA SOUTH AREA – contd.
ESSEX ZONE – contd.
WESTERN GROUP – contd.

11th ESSEX BATTALION

Lt.-Colonel
Gold, G. G., T.D. (Maj. ret. T.A.) 1/ 2/41

Majors
Bland, J. C., M.C. 1/ 2/41
Credland, H. W. 1/ 2/41
Ridley, W. P. N., T.D. 1/ 27/41
Ferrar, M. L., C.S.I., C.I.E., O.B.E., 1/ 2/41

Captains
Burchell, L. D., M.C. 1/ 2/41
Grimshaw, C. N. W., V.D. 1/ 2/41
Harper, C. S. 1/ 2/41
Young, E. G. D. 1/ 2/41

Lieutenants
Allsopp, S. R. 1/ 2/41
Barbrook, J. O. 1/ 2/41
Barnard, F. L. 1/ 2/41
Bird, M. B. 1/ 2/41
Blythe, F. E. 1/ 2/41
Cornah, S. G. 1/ 2/41
Crittall, J. F., M.C. 1/ 2/41
Curtis, H. M. C., D.S.O. 1/ 2/41
Harvey, W. H. 1/ 2/41
Hobach, F., M.M. 1/ 2/41
Matthews, F. M. 1/ 2/41
Macnee, E. A. 1/ 2/41
Piper, A. G., M.M. 1/ 2/41
Ritchie, W. 1/ 2/41
Schwier, W. C. V., M.C. 1/ 2/41

Lieutenants – contd.
Steggles, H. 1/ 2/41
Wood, R. P. 1/ 2/41
Yates, E. R. 30/ 4/41
Fraser, G., M.C. 6/ 6/41
Yeoman, R. A. 11/ 6/41

2nd Lieutenants
Britton, F. G. 1/ 2/41
Collingwood, C. R. 1/ 2/41
Hardy, W., M.M. 1/ 2/41
Hawkes, J. L. 1/ 2/41
Letts, E. M. 1/ 2/41
Linfoot, G. C. 1/ 2/41
Millar, G. A., M.C. 1/ 2/41
Stevens, V. H. 1/ 2/41
Richardson, K. S. 6/ 6/41
Porter, A. B. 6/ 6/41
Muir, J. G. 6/ 6/41
Fox, C. W. 6/ 6/41
Knight, J. R. 6/ 6/41
McLaren, H. 7/ 6/41

Adjutant & Quarter-Master

Medical Officer
Garland, Maj. H. J. 9/ 5/41

EAST ANGLIA SOUTH AREA - contd.

ESSEX ZONE - contd.

WESTERN GROUP - contd.

12th ESSEX BATTALION

Lt.-Colonel

Anderson, W. H., C.B.E. (Brig. ret. Ind. Army)	1/ 2/41

Majors

Cawkell, E.	1/ 2/41
Gibbons, T., D.S.O.	1/ 2/41
Myhill, H. T., O.B.E.	1/ 2/41
Wilkes, J. F.	1/ 2/41

Captains

Bosanquet, N. C. S.	1/ 2/41
Crosby, W. A. P., M.C.	1/ 2/41
Hunt, P. A.	1/ 2/41
Marston, J. E., D.S.O., M.C.	1/ 2/41

Lieutenants

Burtsal, H. N.	1/ 2/41
Cook, A. J. O.	1/ 2/41
Cox, A. A. G.	1/ 2/41
Donald, S. S.	1/ 2/41
Fison, R.	1/ 2/41
Frost, G. E. A.	1/ 2/41
Hasler, D. C., M.C.	1/ 2/41
Lamb, E. B.	1/ 2/41
Luckock, R. H.	1/ 2/41

Lieutenants - contd.

Mungo-Park, R. H., M.C.	1/ 2/41
Routledge, M. G.	1/ 2/41
Steel, C. H., M.C.	1/ 2/41
Graham-Watson, A. F.	1/ 2/41
Parker, H. M.	21/ 5/41

2nd Lieutenants

Bernard, S. S.	1/ 2/41
Gibson, G. C.	29/ 5/41
King, H. N., M.C.	16/ 7/41

Adjutant & Quarter-Master

Medical Officer

Barber, Maj. G. O., M.B.	9/ 5/41

EAST ANGLIA SOUTH AREA – contd.

ESSEX ZONE – contd.

EASTERN GROUP

Commander	Parker, Col. R. C. O., T.D., (Bt.-Col. T.A. Res.)	1/ 2/41
Assistant to Commander	Ridley, Capt. G. V. N., T.D.	1/ 2/41

2nd ESSEX BATTALION

Lt.-Colonel

Rasch, Sir Frederick C. Bt. (Col. ret. T.A.)	1/ 2/41

Majors

Bright, B. H., M.C.	1/ 2/41
Howell, R. A.	1/ 2/41
Johnstone, H. V. C.	1/ 2/41
Woodhouse, J. H.	1/ 2/41
Wright, A. St. J., O.B.E.	1/ 2/41

Captains

Douglas-Brown, W.	1/ 2/41
Molyneux-Berry, C. T. B.	1/ 2/41
Sabiston, H. M.	1/ 2/41

Lieutenants

Jackson, T. H.	1/ 2/41
Reynolds, J. H.	1/ 2/41
Snell, E. L.	1/ 2/41
Blythe, A.	1/ 2/41
Booth, C. C.	1/ 2/41
Bowen, J. A. B. P.	1/ 2/41
Dodgson, W. R. B.	1/ 2/41
Jennings, G. W.	1/ 2/41

Lieutenants – contd.

Matthews, G. J. J.	1/ 2/41
Nicholls, H. F.	1/ 2/41
Phillips, H. F. B.	1/ 2/41
Phillips, L. E.	1/ 2/41
Randall, E. W.	1/ 2/41
Herbert, J. B., M.C.	1/ 2/41
Thacker, G. D.	1/ 2/41
Sadd, J. G.	8/ 5/41
Saville, W. B.	8/ 5/41
Slade, H. A., D.S.O., M.C.	8/ 5/41
Parker, J.	6/ 6/41

2nd Lieutenants

Dobbie, C. H.	1/ 2/41
Hartley, E. W.	1/ 2/41
Rushton, D. B.	1/ 2/41
Watts, J. S.	1/ 2/41

Adjutant & Quarter-Master

Medical Officer

Lyster, Maj. R. G., O.B.E., M.B.	9/ 5/41

EAST ANGLIA SOUTH AREA - contd.

ESSEX ZONE - contd.

EASTERN GROUP - contd.

3rd ESSEX BATTALION

Lt.-Colonel

Neave, R., (Lt.-Col. ret. pay)	1/ 2/41

Majors

Chapman, S. W.	1/ 2/41
Pinkerton, J. M., M.B.E.	1/ 2/41
Richardson, E. K.	1/ 2/41
Dangerfield, A. S.	5/ 7/41

Captains

Green, S. H.	1/ 2/41
Jermyn, P. R., M.C.	1/ 2/41
Reynolds, L.	8/ 5/41

Lieutenants

Atkins, W. H.	1/ 2/41
Bridge, J.	1/ 2/41
Hunting, H. H.	1/ 2/41
Judd, H. E.	1/ 2/41
Lindsay, T.	1/ 2/41
Robertson, W. C.	1/ 2/41
Tunnicliffe, J. A.	1/ 2/41
Parr, J. S.	1/ 2/41
Pattison, E. S.	8/ 5/41
Sutton, J., D.C.M., M.M.	24/ 6/41

2nd Lieutenants

Brown, P. L.	1/ 2/41
Calderbank, C. E.	1/ 2/41
Chawner, J. R., M.M.	1/ 2/41
Chew, H. H.	1/ 2/41
Cook, L. G., D.C.M., M.M.	1/ 2/41
Grover, W.	1/ 2/41
Murray, M.	1/ 2/41
Partridge, W. C., D.C.M., M.M.	1/ 2/41
Henderson, T. C.	1/ 2/41
Peck, H. J., M.M.	1/ 2/41
Povey, E. W.	5/ 6/41
Belding, R. S.	24/ 7/41

Adjutant & Quarter-Master

Medical Officer

Gray, Maj: D.M.,	9/ 5/41

56455-1(25)

EAST ANGLIA SOUTH AREA - contd.

ESSEX ZONE - contd.

EASTERN GROUP - contd.

6th ESSEX BATTALION

Lt.-Colonel
Jameson, W. K. E., D.S.O., (Lt.-Col. ret. pay)	1/ 2/41

Majors
Humphreys, B. L.	1/ 2/41
Bird, L. G.	1/ 2/41
Cooper, T. W.	1/ 2/41
Herring, F. W. M.	1/ 2/41
Kullnan, R. MaxW.	1/ 2/41
Smith, P.	1/ 2/41

Captains
Butchard, P.	1/ 2/41
Field, G. B.	1/ 2/41
Gardener, R.	1/ 2/41
Miller, J. B.	1/ 2/41
Scheidweiler, F. C., D.C.M.	1/ 2/41
Sissen, S. H.	1/ 2/41
Wigg, E. W., M.M.	1/ 2/41
Latham, E. R., M.C.	1/ 2/41
Neild, W. C.	1/ 6/41

Lieutenants
Abell, J. R.	1/ 2/41
Ainger, L. N.	1/ 2/41
Appleton, F. J.	1/ 2/41
Baker, A. I.	1/ 2/41
Baker, C. E. L. P.	1/ 2/41
Beach, A. J., M.C.	1/ 2/41
Cole, H. J. C.	1/ 2/41
Cooper, M. J. S.	1/ 2/41
Cotton, H. P., M.M.	1/ 2/41
Davey, E. H.	1/ 2/41
Dickie, D. R.	1/ 2/41
Dyson-Hughes, T. P.	1/ 2/41
Gates, A. A.	1/ 2/41
Gozzett, F. C.	1/ 2/41
Jackson, O. W.	1/ 2/41
Littaur, C.	1/ 2/41
Eve, J. G.	1/ 2/41
Michael, J. P.	1/ 2/41
Odon, J. H.	1/ 2/41
Page, A. S., M.C.	1/ 2/41
Pole, C.	1/ 2/41

Lieutenants - contd.
Shaughnessy, F. B.	1/ 2/41
Snitherman, W. H.	1/ 2/41
Tingle, J. C.	1/ 2/41
Weeks, L., M.M.	1/ 2/41
Wells, D.	1/ 2/41
Wigley, H. S.	1/ 2/41
Armstrong, B.	1/ 2/41
Seeley, H., D.C.M.	1/ 2/41
Ackrill, A.	15/ 7/41

2nd Lieutenants
Balls, D. W.	1/ 2/41
Cleale, A. G.	1/ 2/41
Davies, A.	1/ 2/41
Finch, F. J.	1/ 2/41
Gozzett, H. J.	1/ 2/41
Hart, C. T.	1/ 2/41
Hilton, J. L.	1/ 2/41
Holberton, W. C. S.	1/ 2/41
Horner, J. L.	1/ 2/41
Lucie, P. W.	1/ 2/41
Page, R. E. J.	1/ 2/41
Vincer, F. G.	1/ 2/41
Yarrow, H. J. T.	1/ 2/41
Potter, C. F.	1/ 2/41
Seal, O. R.	1/ 2/41
Keen, H. D.	1/ 2/41
Barnard, T. C.	8/5/41
Lovesey, W. A.	1/ 6/41
Wilson, J. G.	1/ 6/41
Brown, D. S.	25/ 6/41
Haddock, H. W.	25/ 6/41
Harvey, C. J., M.M.	25/ 6/41
Hodgson, W. J.	25/ 6/41
Shaw, S. E.	25/ 6/41

Adjutant & Quarter-Master

Medical Officer
Willcocks, Maj. R. W., M.B.	9/ 5/41

EAST ANGLIA SOUTH AREA - contd.

ESSEX ZONE - contd.

EASTERN GROUP - contd.

7th ESSEX BATTALION

Lt.-Colonel
Turner, A. M., D.S.O.   1/ 2/41
(Lt.-Col. ret. pay)

Majors
Lake, E. A. W.   1/ 2/41
Rodwell, K. H.   1/ 2/41
Round, C. J.   1/ 2/41

Captains
Bright, F. G., M.C.   1/ 2/41
Mangles, C. G.   1/ 2/41
Vickers, J. W.   1/ 2/41

Lieutenants
Brand, G. H.   1/ 2/41
Cartwright, F. L., C.B.E., D.S.O.   1/ 2/41
Coulthurst, P.   1/ 2/41
Dace, S. A., M.M.   1/ 2/41
Deavin, M. B.   1/ 2/41
Evitt, H. L.   1/ 2/41
Harvey-Cant, F. S.   1/ 2/41
Hobbs, S. T.   1/ 2/41
Hunt, J. W., M.M.   1/ 2/41
James, F. C.   1/ 2/41
Kiddle, J. A. C., M.C.   1/ 2/41
Magor, R. K.   1/ 2/41
Norman, H. R.   1/ 2/41
Palmay, R.   1/ 2/41
Potts, R. G.   1/ 2/41
Redgwell, J.   1/ 2/41

Lieutenants- contd.
Scott, C. A. R., D.S.O.   1/ 2/41
Smith, B. P.   1/ 2/41
Wainwright, R. S. L.   1/ 2/41
Baskett, T. F.   1/ 2/41

2nd Lieutenants
Archer, L.   1/ 2/41
Bowyer, W. B.   1/ 2/41
Folkard, F. T.   1/ 2/41
Hutton, F. O.   1/ 2/41
de Manbey, A. H. O., D.S.O., M.C.   1/ 2/41
Nalder, L. F., C.M.G., C.I.E., C.B.E.   1/ 2/41
Nicholas, B.   1/ 2/41
Tippett, R. C.   1/ 2/41
Pullen, B. I.   1/ 2/41
Skinner, E. M.   1/ 2/41
Pearce, S. V.   1/ 2/41
Faulds, R.   6/ 6/41
Frane, G. S.   20/ 6/41

Adjutant & Quarter-Master

Medical Officer
Madden, Maj: J. G.,   14/ 6/41

EAST ANGLIA SOUTH AREA - contd.

ESSEX ZONE - contd.

EASTERN GROUP - contd.

8th ESSEX BATTALION

Lt.-Colonel
Kirkpatrick, C., C.B., C.B.E., (Maj.-Gen. ret. Ind. Army)	1/ 2/41

Majors
Cousins, H.O., T.D.	1/ 2/41
Day, D. A. L.	1/ 2/41
Soames, A. A., D.S.O.	1/ 2/41
Waller, A. J. R.	1/ 2/41
Watson, F. C., O.B.E., M.C.	1/ 2/41

Captains
Foljambe, R. F. T., M.C.	1/ 2/41
Potter, E. F.	1/ 2/41
Rose, D. B.	1/ 2/41
Tyler, A., M.C.	1/ 2/41
Watson, H. D.	1/ 2/41

Lieutenants
Ashby, A.	1/ 2/41
Bain, C. McD.	1/ 2/41
Bassett, G. H.	1/ 2/41
Ellis, H. G. V.	1/ 2/41
Eyres, F. L.	1/ 2/41
Forrest, R. A., M.C.	1/ 2/41
Howchin-Gray, S.	1/ 2/41
Jiggins, S. C.	1/ 2/41
Johnson, H. B.	1/ 2/41
Jolly, S. D. A.	1/ 2/41
King, H. H.	1/ 2/41
Lowe, G. H. A.	1/ 2/41
Mangles, R. H., C.B., C.M.G., D.S.O. (Hon. Brig.-Gen. ret. pay)	1/ 2/41
Naylor, R. C.	1/ 2/41
Norton, J. S.	1/ 2/41

Lieutenants - contd.
Swift, G. H. J.	1/ 2/41
Tough, M. B.	1/ 2/41
Turner, H. P.	1/ 2/41
Wood, D. J.	1/ 2/41
Stammer, A. C.	3/ 7/41

2nd Lieutenants
Cross, H. P.	1/ 2/41
Dean, J. D.	1/ 2/41
Diss, A. J.	1/ 2/41
Filmer, A. E.	1/ 2/41
Green, E. J., D.S.O.	1/ 2/41
Harks, F.T.M.	1/ 2/41
Meek, L. B.	1/ 2/41
Woollard, R. C.	1/ 2/41
Rawlinson, H. J.	1/ 2/41
Ruffel, S. J.	1/ 2/41
Goodwin, G. W.	1/ 2/41
Gregory, W. R. F.	1/ 2/41
Stallard, S. F., C.M.G., D.S.O. (Hon. Brig.-Gen. ret. pay)	1/ 2/41
Kemp, G. J.	21/ 6/41
Cousins, E. G.	3/ 7/41
Farrar, E. N.	13/ 7/41

Adjutant & Quarter-Master

Medical Officer
Propert, Maj. S. A., M.B., M.R.C.P.	8/ 5/41

EAST ANGLIA SOUTH AREA - contd.

ESSEX ZONE - contd.

EASTERN GROUP - contd.

9th ESSEX BATTALION

Lt.-Colonel
Birch, W., M.B.E., D.S.O., 1/ 2/41
(Maj. late R.A.F.)

Majors
Boardman, J. W.	1/ 2/41
Collins, E. S.	1/ 2/41
Gillett, S. H., M.C.	1/ 2/41
Parker, J. O., T.D.	1/ 2/41
Rashleigh, R. N., D.S.O., M.C.	1/ 2/41
Wood, E. F. M., C.B., D.S.O., O.B.E.	1/ 2/41

Captains
Bevan, W. H.	1/ 2/41
Cobbold, G. F.	1/ 2/41
Kettle, W. R. B.	1/ 2/41
Parsons, W. N.	1/ 2/41
Ward, H. M. A., D.S.O., O.B.E., T.D.,	11/ 6/41

Lieutenants
Abbott, A. E., D.C.M.	1/ 2/41
Baldwin, W. C. G.	1/ 2/41
Cooper, W. G.	1/ 2/41
Edwards, J. T.	1/ 2/41
Garnham, E. R.	1/ 2/41
Girling, F. A.	1/ 2/41
Hooks, E. O.	1/ 2/41
Horlock, M. F.	1/ 2/41
Ide, W. L.	1/ 2/41
Jiggens, J. C. H.	1/ 2/41
Keen, H. J.	1/ 2/41
Lambert, F.	1/ 2/41
Moore, F., M.B.E.	1/ 2/41

Lieutenants-contd.
McCready, Rev. M. P.	1/ 2/41
Napier-Martin, J. G. F.	1/ 2/41
Scott, J. J., M.M.	1/ 2/41
Thomas, B. C.	1/ 2/41
Waterson, R. J.	12/ 7/41
Higman, J.	22/ 7/41

2nd Lieutenants
Cook, T. W.	1/ 2/41
Cooper, E. H.	1/ 2/41
Daly, C. H. L.	1/ 2/41
Edwards, H.	1/ 2/41
Gilling, G.	1/ 2/41
Goddard, H. C.	1/ 2/41
Nott, D. P.	1/ 2/41
Parish, W. G.	1/ 2/41
Sage, C. J. W.	1/ 2/41
Sayer, H.	1/ 2/41
Collitt, K. W.	1/ 2/41
Collitt, S. S.	1/ 2/41
Fleming, R. H.	1/ 2/41
Mitchell, R. B.	1/ 2/41
Wilson, W. C.	1/ 2/41
McCready, B. H.	24/ 6/41

Adjutant & Quarter-Master

Medical Officer.
MacQuarrie, Maj. A. W., M.B. 27/ 6/41

EAST ANGLIA SOUTH AREA – contd.

ESSEX ZONE – contd.

EASTERN GROUP – contd.

14th ESSEX BATTALION

Lt.-Colonel.

Hamilton, R. N.	1/ 2/41

Lieutenants – contd.

Cousins, C. H.	11/ 6/41
Warner, W. R.	11/ 6/41
Whincop, A. N.	9/ 7/41

Majors

McLaughlin, W. R., O.B.E.	1/ 2/41
Glover, E. A.	1/ 2/41
Hughes, F., M.C.	1/ 2/41
Porter, C. L.	1/ 2/41
Crabtree, R. M., M.C.	9/ 7/41

2nd Lieutenants

Cole, A.	1/ 2/41
Lunnon, W. E.	1/ 2/41
Murray, G. H.	1/ 2/41
Paulin, W. S.	1/ 2/41
Davison, W. R.	1/ 2/41
Green, A. G.	1/ 2/41
Rippon, E. S.	9/ 7/41
Stagg, W. P.	9/ 7/41

Captains

Clark, R.	1/ 2/41
Easton, S. W.	1/ 2/41
Oxley, R. C.	1/ 2/41

Adjutant & Quarter-Master

Lieutenants

Grylls, T. H.	1/ 2/41
Holderness, J. H.	1/ 2/41
Pavey, H.	1/ 2/41
Porter, E. L.	1/ 2/41
Taylor, E. W.	1/ 2/41
Verschoyle, P. D.	1/ 2/41
Watt, W. O.	1/ 2/41
Davey, R. H. R.	1/ 2/41
Pearse, F. A. W.	1/ 2/41
Arbory, J. W.	11/ 6/41

Medical Officer

Pollard, Maj. R. P., M.B.	9/ 5/41

EAST ANGLIA SOUTH AREA - contd.

ESSEX ZONE - contd.

INDEPENDENT BATTALION

13th ESSEX (POST-OFFICE) BATTALION

Lt.-Colonel
Hussey, A. V., O.B.E.,   1/ 2/41
(Maj. late R.E.)

Majors
McNeill, A.	1/ 2/41
Bull, F. W., D.C.M.	1/ 2/41
Gaze, A. W., M.C.	1/ 2/41
Starkey, H. Y.	1/ 2/41
Street, S. A., M.M.	1/ 2/41

Captains
Keary, E. H.	1/ 2/41
Kellett, J. H. F., M.B.E.	1/ 2/41
King, R. R.	1/ 2/41
Wearn, C. E., M.M.	1/ 2/41
Greenwood, G. C.	1/ 2/41
Hard, A. A.	1/ 2/41
Thomsett, H. S.	1/ 2/41

Lieutenants
Bennett, T.	1/ 2/41
Billman, B. C.	1/ 2/41
Cornell, A. F.	1/ 2/41
Cresswell, W. C.	1/ 2/41
Cutting, W. G.	1/ 2/41
Firman, S. B.	1/ 2/41
Jarvis, A. W.	1/ 2/41
Marsh, S. J.	1/ 2/41
Osborne, R. J.	1/ 2/41
Polley, J., M.M.	1/ 2/41
Poulson, W.	1/ 2/41
Rance, A. W.	1/ 2/41
Robinson, A. E.	1/ 2/41
Spencer, S., D.C.M.	1/ 2/41

Lieutenants - contd.
Dann, J. V.	1/ 2/41
Nicker, B. W.	1/ 2/41
Perkins, A. L.	1/ 4/41
Wardman, H. S.	20/ 4/41
Dickens, L. C., M.C.	15/ 5/41
Mason, P. J.	24/ 5/41
Pine, T. F.	24/ 5/41
Read, R. C.	30/ 5/41
Tearle, C. H.	19/ 6/41
Taylor, B. J.	9/ 7/41

2nd Lieutenants
Fletcher, E. A., M.M.	1/ 2/41
Sargent, J. E.	1/ 2/41
Setterfield, T. A.	1/ 2/41
Martin, T. A.	1/ 2/41
Rooke, G. D.	1/ 2/41
Hughes, W. J. A.	24/ 5/41

Adjutant & Quarter-Master

Medical Officer

EAST ANGLIA SOUTH AREA – contd.

SUFFOLK ZONE

Commander	Daniell, Col. W. A. B., D.S.O., T.D., (Lt.-Col. ret. T.A.)	1/ 2/41
Second in Command	Wyatt, Lt.-Col. E. R. C., C.B.E., D.S.O., (Col. ret. Ind. Army)	8/ 7/41
Assistant to Commander	Vanneck, Maj. Hon. A. N. A., M.C.	1/ 2/41
Medical Officer	Paterson, Lt.-Col. T. F., C.B., D.S.O., M.B. (Maj.-Gen. ret. Ind. Army)	1/ 2/41
Territorial Army Association administering	Suffolk T.A.Association, 8A, Princes Street, Ipswich.	

NO. 1 GROUP

Commander	Jackson, Col. Sir Thomas D., Bt., D.S.O., M.V.O., (Hon. Brig.-Gen. ret. pay)	1/ 2/41

1st SUFFOLK BATTALION

Lt.-Colonel
Chandlor, H. H., (Capt. late T.A.) 1/ 2/41

Majors
Blower, B. W. 1/ 2/41
Brooks, R. W., T.D. 1/ 2/41
Somerleyton, The Lord, M.C. 1/ 2/41

Majors – contd.
Tuttle, E. W. 1/ 2/41
Walter, F. E., D.S.O. (Lt.-Col. ret. pay) 1/ 2/41
March, W., M.V.O. 2/ 4/41
Barkeley-Smith, R. 9/ 6/41
Brooke, J. W. M. 9/ 6/41
Artis, W. J., M.C. 24/ 6/41

EAST ANGLIA SOUTH AREA – contd.

SUFFOLK ZONE – contd.

NO.1 GROUP – contd.

1st Suffolk Battalion – contd.

Captains
Adderley, H. B. A.	1/ 2/41
Chapman, E. C. G.	1/ 2/41
Huddart, A. G. S.	1/ 2/41
Mobbs, P. W.	1/ 2/41
Moyes, A. H.	1/ 2/41
Pratt, H. E.	1/ 2/41
Brooke, W.	9/ 6/41

Lieutenants
Barker, J. A.	1/ 2/41
Bates, S. H. J.	1/ 2/41
Brown, E. C.	1/ 2/41
Cautley, H. L., O.B.E.	1/ 2/41
Cork, H. G.	1/ 2/41
Darby, A. R. M.	1/ 2/41
Davey, J. S.	1/ 2/41
Edwards, A	1/ 2/41
Glover, F. P.	1/ 2/41
Haes, A. E. M.	1/ 2/41
Hodge, V. C.	1/ 2/41
Hopley, J.	1/ 2/41
Howlett, F.	1/ 2/41
Johnston, A. C.	1/ 2/41
Kett, A. E., D.C.M., M.M.	1/ 2/41
Le Peton, H. G.	1/ 2/41
Lithgow, S. P. L. A.	1/ 2/41
Long, W. H.	1/ 2/41
Lyne, T. G.	1/ 2/41
Mather, C. J.	1/ 2/41
Minchin, R. S.	1/ 2/41
Minns, C. R.	1/ 2/41
Morsley, H. W.	1/ 2/41
Owles, A. E., M.C.	1/ 2/41
Pell, J. M.	1/ 2/41
Poyser, F. C.	1/ 2/41
Richards, W.	1/ 2/41
Robinson, L. V.	1/ 2/41
Steer, M. D.	1/ 2/41
Ward, W. W.	1/ 2/41
West, W. A.	1/ 2/41
Wightman, R. E.	1/ 2/41

Lieutenants – contd.
Budgen, H. K.	1/ 2/41
Hepworth, H. G.	1/ 2/41
Ingles, A. E., M.M.	1/ 2/41
Sprake, P. F.	1/ 2/41
Flatt, W. W., M.C.	10/ 3/41
Elsey, H.	29/ 6/41

2nd Lieutenants
Copeman, W. H.	1/ 2/41
Grice, J. A.	1/ 2/41
Morris, A. H.	1/ 2/41
Pye, A. E.	1/ 2/41
Read, E. W.	1/ 2/41
Spendlove, S. E.	1/ 2/41
Treadgold, J. R. W.	1/ 2/41
Barnes, W. G.	8/ 6/41
Casey, W., M.M.	8/ 6/41
Critoph, A. W.	8/ 6/41
Harvey, C. K.	8/ 6/41
Ingram, P. O.	8/ 6/41
Malone, H. E.	8/ 6/41
Taylor, A. W.	8/ 6/41
Andrews, S. J.	15/ 7/41
Riley, P.	15/ 7/41

Adjutant & Quarter-Master

Medical Officer
Grantham-Hill, Maj. C., O.B.E., M.B., F.R.C.S.	12/ 5/41

EAST ANGLIA SOUTH AREA - contd.

SUFFOLK ZONE - contd.

NO.1 GROUP - contd.

4th SUFFOLK BATTALION

Lt.-Colonel
Clarke, E. P., D.S.O., T.D. (Col. ret. T.A.)   1/ 2/41

Majors
Connop, H. E., D.S.O.   1/ 2/41
Borrow, E., D.S.O.   1/ 2/41
Fleming, J. F.   1/ 2/41
Revillon, J. W., O.B.E.   1/ 2/41
Apthorpe, H. G.   13/ 3/41
Cornish, V. J.   13/ 3/41
Davis, C. W.   13/ 3/41
Jackson, L. A.   9/ 6/41
Smith, C. N.   4/ 7/41
Farrington, T. H.   4/ 7/41
Naish, J. S.   4/ 7/41

Captains
Draper, C. R. B., M.B.E.   1/ 2/41
Nelson, A. H.   1/ 2/41
Caton, R. B., M.C.   13/ 3/41
Long, C.   13/ 3/41
Pettit, J. E.   13/ 3/41
Williams, G. F.   6/ 6/41

Lieutenants
Bracewell, C. H.   1/ 2/41
Champion-Marshall, C.L., M.C.   1/ 2/41
Charles, F. J. C.   1/ 2/41
Flatman, R. C. G.   1/ 2/41
French, J. F.   1/ 2/41
Goram, C., M.M.   1/ 2/41
Lequen de Lacroix, E. J. L.   1/ 2/41
Manning, B. W.   1/ 2/41
Nowell, J. C.   1/ 2/41

Lieutenants - contd.
Paton, N. F.   1/ 2/41
Risk, J.   1/ 2/41
Stooke-Vaughan, J. S.   1/ 2/41
Taylor, B. F., V.D.   1/ 2/41
Wilson, G. C.   1/ 2/41
Wright, E. W.   1/ 2/41
Wright, F. T., M.B.E.   1/ 2/41
Hill, R. B.   1/ 2/41
Phillips, W. G. B.   1/ 2/41
Chute, L. V., M.C.   13/ 6/41
Hermiston, R. N., M.M.   4/ 7/41

2nd Lieutenants
Alston, D. I.   1/ 2/41
Baker, F. G. S., O.B.E.   1/ 2/41
Bower, G. N.   1/ 2/41
Calvert, R. D.   1/ 2/41
Debney, R. M.   1/ 2/41
Green, L. C.   1/ 2/41
McLaren, A. R.   1/ 2/41
Paisley, E. H.   1/ 2/41
Rolfe, G. O.   1/ 2/41
Rowe, L. S.   1/ 2/41
Youngman, J. O.   1/ 2/41
Button, A. E.   9/ 6/41
Noal, A. H.   15/ 7/41

Adjutant & Quarter-Master

Medical Officer
Wight, Maj. C. H., M.C.   24/ 5/41

EAST ANGLIA SOUTH AREA – contd.

SUFFOLK ZONE – contd.

NO.1 GROUP – contd.

8th SUFFOLK BATTALION

Lt.-Colonel
Dene, A. P., C.M.G., D.S.O.
(Col. ret. pay)   1/ 2/41

Majors
Collins, R. F., D.S.O., M.C.   1/ 2/41
Larcom, Sir Thomas P., Bt.,
   D.S.O. (Maj. ret. pay)   1/ 2/41
Robinson, H. A., D.S.O.   1/ 2/41

Captains
Denny, T. H.   1/ 2/41
Hamilton, Sir George C., Bt.,
   (Maj. late T.F.)   1/ 2/41
Rix, G. W.   1/ 2/41
Scrimgeour, H.   1/ 2/41
Todd, W. J.   1/ 2/41
Scrivener, A. P.   1/ 2/41
Powditch, S. B.   16/ 5/41
Vale, G. R.   22/ 6/41

Lieutenants
Kitching, R. P.   1/ 2/41
Cadbury-Brown, H. W.   1/ 2/41
Catling, W. E.   1/ 2/41
Clarke, R. J.   1/ 2/41
Cutting, K. P.   1/ 2/41
Egerton, Hon. G. A.   1/ 2/41
Filby, W. F.   1/ 2/41
Gooding, W. A.   1/ 2/41
Green, J. C.   1/ 2/41
Hill, E. R.   1/ 2/41
Hume-Welch, G.   1/ 2/41
Hunter, E. G., M.M.   1/ 2/41
Jolly, W. C.   1/ 2/41
Lang, J.   1/ 2/41
Lankester, W. J. A.   1/ 2/41

Lieutenants – contd.
Last, V. W.   1/ 2/41
Marsden-Jones, V.   1/ 2/41
Nesling, R. C.   1/ 2/41
Reeve, C. J.   1/ 2/41
Ritchie, W. L.   1/ 2/41
Seggons, A. J.   1/ 2/41
Smith, A.   1/ 2/41
Smith, W. J., D.C.M., M.M.   1/ 2/41
Springfield, M. O.   1/ 2/41
Sprunt, E.   1/ 2/41
Whitworth, W. H. A., M.C.   1/ 2/41
Winter, F. B.   1/ 2/41
Wood, R. C.   1/ 2/41
Allen, R. E.   18/ 6/41
Battlebury, S.   18/ 6/41
Scrimgeour, H. C.   18/ 6/41
Cooke, A. E.   2/ 7/41

2nd Lieutenants
Fowler, C. R.   1/ 2/41
Kerridge, B. P. A.   1/ 2/41
Rope, G. A.   1/ 2/41
Pipe, A. D.   18/ 6/41
Sidney, A.   18/ 6/41
Winstanley, W. E.   23/ 6/41

Adjutant & Quarter-Master

Medical Officer
Marriott, Maj. F. K., M.C.   10/ 5/41

EAST ANGLIA SOUTH AREA – contd.

SUFFOLK ZONE – contd.

NO.2 GROUP

Commander	Meadows, Col. C. A. G. P. (Col. ret. Ind. Army) 1/ 2/41
Assistant to Commander	Hervey, Capt. E. S. 1/ 2/41

5th SUFFOLK BATTALION

Lt.-Colonel
Wigan, D. G. (Capt. late K.R.R.C.)   1/ 2/41

Majors
Grant, G. P., D.S.O.   1/ 2/41
Everard, L. E. C., M.C.   1/ 2/41
Lempriere, G. P.   1/ 2/41
Maxwell, H. St. G.   1/ 2/41
Miller, G. N.   1/ 2/41

Captains
Bunbury, Sir Charles H. N., Bt. (Lt. late C. Gds.)   1/ 2/41
Clarke, B. H. B.   1/ 2/41
Ramsden, R. E., D.S.O. (Lt.-Col. ret. pay)   1/ 2/41
Walter, C. A. P.   1/ 2/41

Lieutenants
Bell, J. Austin D.   1/ 2/41
Bell, J. Anthony D.   1/ 2/41
Craig, U. L. W., M.C. (Lt. ret. pay)   1/ 2/41
Dugdale, T. C.   1/ 2/41
Northcote, C. S., C.B.E.   1/ 2/41

Lieutenants – contd.
Oliver, G. S.   1/ 2/41
Rooksby, D.   1/ 2/41
Royds, W. M.   1/ 2/41
Silberrad, H. E.   1/ 2/41
Townsend, T. C.   1/ 2/41

2nd Lieutenant
Spellman, J. E. M.   10/ 6/41

Adjutant & Quarter-Master
Alexander, Capt. (actg. 1/3/41) H. C., Gen. List Inf.   1/ 3/41

Medical Officer
Keer, Maj. K. J. T.,   13/ 5/41

48

EAST ANGLIA SOUTH AREA - contd.

SUFFOLK ZONE - contd.

No.2 GROUP - contd.

6th SUFFOLK BATTALION

Lt.-Colonel
Tempest, F. L., M.C.   1/ 2/41

Majors
Buckley, R. M.,   1/ 2/41
Brittain, R. H., M.C.   1/ 2/41
Crosbie, P. L.   1/ 2/41
Harwood, A. H. F.   1/ 2/41
Orgill, E. F., M.C. (Capt. ret. pay)   1/ 2/41

Captains
Couzens, E. G.   1/ 2/41
Pritchard, C. H.   1/ 2/41
Turner, H.   1/ 2/41

Lieutenants
Aitken, I. W., M.C.   1/ 2/41
Anderton, J. F.   1/ 2/41
Bass, A.   1/ 2/41
Bruce-Gardyne, E., D.S.O.   1/ 2/41
Clarke, T. T.   1/ 2/41
Connor, R. W. L.   1/ 2/41
Cooper, C. E.   1/ 2/41
Dawson, H. H.   1/ 2/41
Fenwick, D.   1/ 2/41
Field, T. H.   1/ 2/41
Johnston, A. P.   1/ 2/41
Kelsall, J.   1/ 2/41
Kirkham, W., D.C.M.   1/ 2/41
Pluck, N. J. E.   1/ 2/41
Riches, J. V.   1/ 2/41
Robertson, P. G. M.   1/ 2/41
Rudland, T. M.   1/ 2/41
Snell, A. C.   1/ 2/41
Stanley, N.   1/ 2/41
Tarbard, O.   1/ 2/41

Lieutenants-contd.
Charrington, S. H.   1/ 2/41
Yowles, A. E. D.   26/ 5/41
Rodwell, W. H.   13/ 6/41
Angus, D.   1/ 7/41
Harper, G. W.   1/ 7/41
Priest, A. E.   1/ 7/41
Gall, G.   1/ 7/41
Bannister, H. J.   4/ 7/41

2nd Lieutenants
Cowlin, J. F.   1/ 2/41
Furness, J.   1/ 2/41
Gildersleeves, W. D.   1/ 2/41
Grimes, F. M.   1/ 2/41
Hemplenan, F. C.   1/ 2/41
Lobban, A. V.   1/ 2/41
Nice, T. W.   1/ 2/41
Pawsey, E. G.   1/ 2/41
Rayner, G. S.   1/ 2/41
Robinson, G.   1/ 2/41
Smith, J. R.   1/ 2/41
Temple, H. J.   1/ 2/41
Turner, S. J.   1/ 2/41
Wheeler, M. W.   1/ 2/41
Brown, W. A.   1/ 2/41
Hempson, L. A.   16/ 6/41
Blake, J. W.   10/ 7/41

Adjutant & Quarter-Master

Medical Officer
Giuseppi, Maj. P. L., M.D., F.R.C.S.,   11/ 6/41

56455-1(37)

EAST ANGLIA SOUTH AREA - contd.

SUFFOLK ZONE - contd.

NO.2 GROUP - contd.

7th SUFFOLK BATTALION

Lt.-Colonel
Ovey, D., D.S.O. (Lt.-Col. ret pay)   1/ 2/41

Majors
Bromfield, W. T.   1/ 2/41
Lewis, A. E.   1/ 2/41
Bloor, E. U.   2/ 4/41
Haskell, J. A.   2/ 4/41

Captains
Muir, G. S., M.M.   1/ 2/41
Smith, F. B.   1/ 2/41
Dare, N. F.   2/ 4/41
Simmons, S. F.   2/ 4/41

Lieutenants
Abbott, C. I.   1/ 2/41
Cook, T. R.   1/ 2/41
Cripps, G. N.   1/ 2/41
Hawker, R. B.   1/ 2/41
Ornes, A. H.   1/ 2/41
Spencer, J. L.   1/ 2/41
Stannard, F. C.   1/ 2/41
Stearn, A. E., M.C.   1/ 2/41
Stuart, E. C.   1/ 2/41
Vinnicombe, G. G.   1/ 2/41

Lieutenants - contd.
Wyles, W. N.   1/ 2/41
Fuller, S. H.   1/ 2/41
Mayhew, J. H.   1/ 6/41
Gooderham, F., M.C.   1/ 7/41

2nd Lieutenants
Denny, P. W.   1/ 2/41
Francis, G.   1/ 2/41
Gray, O. J.   1/ 2/41
Last, R. J.   1/ 2/41
Read, F. C.   1/ 2/41
Rolfe, E. W.   1/ 2/41
Rope, H. G.   1/ 2/41
Westendarp, C. G.   1/ 2/41

Adjutant & Quarter-Master

Medical Officer
Ranson, Maj. W. R.,   15/ 5/41

EAST ANGLIA SOUTH AREA - contd.

SUFFOLK ZONE - contd.

NO.2 GROUP - contd.

9th SUFFOLK BATTALION

Lt.-Colonel
Reavell, K., (Capt. late R.F.A.) 1/ 2/41

Majors
Brown, W. B., T.D.	1/ 2/41
Barnard, R. T.	1/ 2/41
Dawson, C. T.	1/ 2/41
Pearson, W. S.	1/ 2/41
Webster, J. B.	1/ 2/41
Wintle, C. E. H., C.B.E., D.S.O. (Col. ret. Ind. Army)	1/ 2/41
Howes, H. C.	10/ 6/41

Captains
Bush, F.	1/ 2/41
Catchpole, S. G.	1/ 2/41
Collins, F. C.	1/ 2/41
Burch, S. H.	10/ 6/41
Payne, E. A.	10/ 6/41

Lieutenants
Armstrong, S., C.B.E.	1/ 2/41
Brown, N. G.	1/ 2/41
Chalker, J.	1/ 2/41
Cobb, A. G.	1/ 2/41
Damant, F. C.	1/ 2/41
Davenport, E. J. C.	1/ 2/41
Dean, F. C.	1/ 2/41
Dobson, B.	1/ 2/41
English, B. G.	1/ 2/41
Guy, T. P.	1/ 2/41
Maclachlan, J. G.	1/ 2/41
Mills, F. G.	1/ 2/41
Palmer, L. G.	1/ 2/41
Perrin, E. E.	1/ 2/41
Philpotts, J.	1/ 2/41
Prowse, C. A. S.	1/ 2/41
Rowland, P.	1/ 2/41
Tillett, A. R.	1/ 2/41
Williams, F. G.	1/ 2/41

Lieutenants - contd.
Mee, R. F., D.C.M.	1/ 2/41
Cook, S. R.	10/ 6/41
Akester, W. D.	10/ 6/41
Huckle, A. E.	10/ 6/41
Flegg, C. W. C.	10/ 6/41
Fulford, W. E.	10/ 6/41
Whitmore, S. C.	10/ 6/41
Green, S. C., M.C.	11/ 6/41
Humby, A. J. D.	9/ 7/41

2nd Lieutenants
Bragg, S. E.	1/ 2/41
Butcher, P. I., M.M.	1/ 2/41
Cotton, T. K.	1/ 2/41
Gamble, R. P.	1/ 2/41
Gilbert, W.	1/ 2/41
Hooper, T. R.	1/ 2/41
Jarvis, A. D. C.	1/ 2/41
Le Good, W. C. E.	1/ 2/41
Northfield, S. M.	1/ 2/41
Norwood, H.	1/ 2/41
Williams, R. D.	1/ 2/41
Bayley, A. M. M.M.	1/ 2/41
James, D. W., M.B.E., M.C.	1/ 2/41
Longman, A. P.	1/ 2/41
Thorogood, M. G.	1/ 2/41
Browne, C. P.	10/ 6/41
Howard, J. A., D.C.M.	10/ 6/41
Price, J. S.	10/ 6/41
Fox, A. A.	9/ 7/41
MacLean, R. I.	9/ 7/41

Adjutant & Quarter-Master

Medical Officer
Eades, Maj. R. O.,   16/ 5/41

EAST ANGLIA SOUTH AREA - contd.

SUFFOLK ZONE - contd.

NO. 3 GROUP

Commander

2nd SUFFOLK BATTALION

Lt.-Colonel

Lawrence, H. M., D.S.O., O.B.E., (Lt. Col. ret. pay)	1/ 2/41

Majors

Agnew, J. S.	1/ 2/41
Browne, T. R.	1/ 2/41
Chase, M. S.	1/ 2/41
Fleming, H. M.	1/ 2/41
Hensman, M., D.S.O.	1/ 2/41
Kilner, G., M.C.	1/ 2/41
McMillan, W. B.	1/ 2/41
Musker, H., O.B.E.	1/ 2/41
Smith, H. C. H., D.S.O. (Lt.-Col. ret. pay)	1/ 2/41
Smith, H. W.	1/ 2/41
Bird, H. M.	1/ 2/41

Captains

Newham, H. B. G., C.M.G. (Lt.-Col. late R.A.M.C.)	16/ 4/41
Humphrys, H. E.	16/ 4/41
Griffith, Sir Ralph, E. H., K.C.S.I., C.I.E. (Lt.-Col. ret. Ind. Army)	16/ 4/41
Carter, R. F. A.	16/ 4/41
Tomkin, J. W. R.	19/ 4/41
Wood, W. B.	21/ 4/41
Gaskell, J. U.	1/ 5/41

Lieutenants

Boyd-Rochfort, C. C.	1/ 2/41
Briscoe, Sir J. Charlton, Bt. (Maj. late R.A.M.C.)	1/ 2/41
Bunbury, H. W.	1/ 2/41
Cooper, G. R. A., O.B.E.	1/ 2/41
Davies, L. S.	1/ 2/41
Day, R.	1/ 2/41
Frewer, J.	1/ 2/41
Frost, H. G.	1/ 2/41
Garrard, W. N.	1/ 2/41
Gentle, W. G., M.C.	1/ 2/41
Grimshaw, W. A. H.	1/ 2/41
Heading, H.	1/ 2/41
Jewell, S. H.	1/ 2/41
Lawrence, E. R.	1/ 2/41
Leitch, J. J., M.M.	1/ 2/41
Long, G. H., O.B.E.	1/ 2/41
Macdonald, G. G.	1/ 2/41
McMillan, E.	1/ 2/41
Mitchell, W. H.	1/ 2/41

Lieutenants - contd.

Moore, P. E.	1/ 2/41
Roper, E., M.M.	1/ 2/41
Sampson, S. J. M., M.C., T.D.	1/ 2/41
Sayer, S. D.	1/ 2/41
Scarff, F. E.	1/ 2/41
Sheppard, S. G.	1/ 2/41
Skipper, H. J.	1/ 2/41
Walker, J. B.	1/ 2/41
Watson, C. L.	1/ 2/41
Webb, C. H. M.	1/ 2/41
Willcox, R. V.	1/ 2/41
Williams, A. A.	1/ 2/41
Wontner, E. S.	1/ 2/41
Coombs, W. H.	1/ 2/41
Needham-Davies, E. N.	16/ 4/41
Cotton, G. V.	16/ 4/41
Catchpole, W. M.	19/ 4/41

2nd Lieutenants

Lawrence, H. P.	1/ 2/41
Potter, A. A.	1/ 2/41
Robertson, D. C., M.C.	1/ 2/41
Sturgeon, W. J.	1/ 2/41
Wortley, J. E.	1/ 2/41
Adams, N. M.	1/ 2/41
Borley, E. A.	1/ 2/41
Brighton, H. E.	1/ 2/41
Giles, C. C. T.	1/ 2/41
Oldman, P. A.	1/ 2/41
Petch, C. A., M.M.	1/ 2/41
Williams, M. E.	1/ 2/41
Monk, H. A.	24/ 4/41
Knight, E. V.	21/ 5/41
Copeland, A. A.	17/ 6/41
Everett, N. H.	17/ 6/41
Harrison, V. A.	17/ 6/41
Rought-Rought, R. C.	14/ 7/41

Adjutant & Quarter-Master

Medical Officer

EAST ANGLIA SOUTH AREA - contd.

SUFFOLK ZONE - contd.

No. 3 GROUP - contd.

3rd SUFFOLK BATTALION

Lt.-Colonel
Walker, E. C., (Hon. Brig. ret. pay)   1/ 2/41

Majors
Crisp, A. R.   1/ 2/41
Egerton, J. S.   1/ 2/41
Hambro, H. E., C.B.E. (Lt.-Col. ret. pay)   1/ 2/41
Payne, H. E. A.   1/ 2/41
Waters, S. H. G.   1/ 2/41

Captains
Wilson, S. H.   1/ 2/41
Gladwyn, J., D.C.M.   1/ 2/41
Hudson, G. A.   1/ 2/41
Quinlan, D.   1/ 2/41
Henderson, J. W.   1/ 2/41

Lieutenants
Alston, D.   1/ 2/41
Barcock, F. G.   1/ 2/41
Charnock, J. P.   1/ 2/41
Deaves, A. W., M.M.   1/ 2/41
Eley, F.   1/ 2/41
Fulcher, L. T.   1/ 2/41
Harrod, E. J.   1/ 2/41
Harter, J. F. A.   1/ 2/41
Hazlewood, E. J.   1/ 2/41
Hurrell, A.   1/ 2/41
Last, T., M.M.   1/ 2/41
McNeil, J.   1/ 2/41
Macpherson, B., M.C.   1/ 2/41
Milne, I. R. B.   1/ 2/41
Sargent, E. J.   1/ 2/41
Smith, P. L.   1/ 2/41
Thorpe, J. E.   1/ 2/41

Lieutenants - contd.
Turner, R.   1/ 2/41
Widdicombe, G. E.   1/ 2/41
Wiffen, A. W.   1/ 2/41
Wight, C. H., M.C.   1/ 2/41
Wilson, C. S., O.B.E.   1/ 2/41
Raker, D. J.   1/ 2/41
Maddever, S. H.   20/ 5/41

2nd Lieutenants
Agnew, S. W.   1/ 2/41
Black, F. K.   1/ 2/41
Bonney, W. G., M.M.   1/ 2/41
Cooke, W. H.   1/ 2/41
Johnson, A.   1/ 2/41
Kibble, D. P.   1/ 2/41
Livings, C. H. O.   1/ 2/41
Mann, J. R.   1/ 2/41
Parr, W. H.   1/ 2/41
Patrick, W.   1/ 2/41
Pettingale, F. E.   1/ 2/41
Plummer, G. R.   1/ 2/41
Reed, M.   1/ 2/41
Thompson, H.   1/ 2/41
Alexander, B. G.   1/ 2/41
Coe, I. A.   1/ 2/41
Branson, W. P. S., C.B.E., M.D., F.R.C.P.   17/ 6/41

Adjutant & Quarter-Master

Medical Officer
Stevens, Maj. N., M.B.,   25/ 6/41

EAST ANGLIA SOUTH AREA – contd.

SUFFOLK ZONE – contd.

NO. 3 GROUP – contd.

10th SUFFOLK BATTALION

Lt.-Colonel.
Armes, R. J., C.M.G., (Col. ret. pay)   1/ 2/41

Majors.
Clover, J. M., M.C.	1/ 2/41
Crockatt, K. A., M.C.	1/ 2/41
Dennis, A.	1/ 2/41
Durno, L. G.	1/ 2/41
Tuck, C. H. A.	1/ 2/41
Weller-Poley, E. H.	1/ 2/41

Captains.
Firth, L. L.	1/ 2/41
Squirrell, P. L.	1/ 2/41
Wilson, S. H.	1/ 2/41
Rowley, Sir. Charles S., Bt., M.C. (Capt. T.A. Res.)	19/ 7/41

Lieutenants.
Ayers, H. L.	1/ 2/41
Barrows, G. E.	1/ 2/41
Bradbrook, A. H.	1/ 2/41
Brown, J. R., M.C.	1/ 2/41
Cobbald, A. H.	1/ 2/41
Deeks, K. G.	1/ 2/41
Frost, A. E., M.C.	1/ 2/41
Hardy, C. S.	1/ 2/41
Powell, A. G. P.	1/ 2/41
Ralph, H. W.	1/ 2/41
Salaman, S. M. A. M. C.	1/ 2/41
Seward, W. R.	1/ 2/41
Thomas, L. L.	1/ 2/41
Williams, B. H., M.C.	1/ 2/41

Lieutenants – contd.
Wylie, W. A.	1/ 2/41
Young, A. L.	1/ 2/41
Gillingwater, A. W.	14/ 6/41
Hood, W. C.	24/ 6/41

2nd Lieutenants.
Baddon, D.	1/ 2/41
Bell, F. de W.	1/ 2/41
Burrill, W. E.	1/ 2/41
Day, H. D.	1/ 2/41
Jarvis, J. F.	1/ 2/41
Mathews, W. T.	1/ 2/41
Nockles, W. E.	1/ 2/41
Ohlmann, P.	1/ 2/41
Binks, H. D., A.	1/ 2/41
Hopper, G.	1/ 2/41
Bird, G. H.	24/ 6/41
Johnson, G., D.C.M.	19/ 7/41

Adjutant & Quarter-Master.

Medical Officer.
Wisdom, Maj. R. H. C. O.,   20/ 5/41

EAST ANGLIA NORTH AREA

Home Guard Commander	Loch, Brig. (local) The Lord, C.B., C.M.G., D.S.O., M.V.O., (Maj.-Gen. ret. pay)	1/ 2/41
General Staff Officer (1st Grade)	Gawthorpe, Col. J. B., C.B.E., T.A., (Maj. ret. pay) (Res. of Off.)	—
General Staff Officer (3rd Grade)	Edwards, Capt. I. C., Mon. R., t.s.c.	14/ 3/41
Staff Captain	Gurney, Capt. (temp. 6/10/40) S. E., R. Norfolk R. (T.A.)	—

EAST NORFOLK ZONE

Commander	Cubitt, Col. R. G., T.D. (Col. T.A.)	1/ 2/41
Assistant to Commander	Steel, Capt. W. L.	1/ 2/41
Territorial Army Association administering	Norfolk T.A. Association, 22, Tombland, Norwich.	

3rd NORFOLK BATTALION (FORWARD HALF)

Lt.-Colonel
Bignold, Sir Charles R., Bt., (Lt. late T.A.) — 1/ 2/41

Majors
Boswell, B., T.D. — 1/ 2/41
Cadge, C. R., O.B.E., — 1/ 2/41

Lieutenants
Cooke, A. T. — 1/ 2/41
Gould, R. P. — 1/ 2/41
Hastings, C. E. P. — 1/ 2/41
Herbert-Smith, G. M. — 1/ 2/41
Holmes, J. B. — 1/ 2/41
Starling, K. S. — 1/ 2/41
Frere, H. B. J. — 1/ 2/41
Woods, C. E. — 1/ 2/41

2nd Lieutenants.
Ashford, J. B. — 1/ 2/41
Langford, C. G. — 1/ 2/41
Morton, R. — 1/ 2/41
O'Hara, L. R. P. — 1/ 2/41
Preston, R. J. — 1/ 2/41
Smith, E. F. D. — 1/ 2/41
Fairs, A. H. — 1/ 2/41
Pursehouse, E. — 16/ 5/41

Adjutant & Quarter-Master

Medical Officer

EAST ANGLIA NORTH AREA - contd.

EAST NORFOLK ZONE - contd.

4th NORFOLK BATTALION

Lt.-Colonel.
Hastings, The Lord, (Lt.-Col. ret. T.A.)   1/ 2/41

Majors.
Cozens-Hardy, The Lord   1/ 2/41
Hammond, P., D.S.O., M.C. (Maj. ret. pay)   1/ 2/41
Jones, L. E., M.C., T.D.   1/ 2/41

Captains
Barran, C. A.   1/ 2/41
Scholey, C. V.   1/ 2/41

Lieutenants
Carter, J. S.   1/ 2/41
Case, W. B.   1/ 2/41
Deterding, R. F.   1/ 2/41
Mallett, S. H.   1/ 2/41
Massey, J. S. W.   1/ 2/41
Oakden, J. G.   1/ 2/41
Thornton, W. T.   1/ 2/41
Wainwright, C.   1/ 2/41
Pye, H. J.   1/ 2/41

Adjutant & Quarter-Master.

Medical Officer.

5th NORFOLK BATTALION

Lt.-Colonel.
Blake, W. A., C.B., C.M.G., D.S.O., (Hon.Brig-Gen. ret. pay)   1/ 2/41

Majors
Gurney, C. R.   1/ 2/41
Jennings, W., D.S.O., (Lt.-Col. ret.pay)   1/ 2/41
Shorter, R. G.   1/ 2/41

Captains
Bailey, F. M., C.I.E., (Lt.-Col. ret. Ind. Army)   1/ 2/41
Blofeld, T. R. C.   1/ 2/41
Granville, C., O.B.E.   1/ 2/41

Lieutenants
Ackermann, E. C.   1/ 2/41
Alston, R. W.   1/ 2/41
Boyce, B.   1/ 2/41
Briscoe, P. C.   1/ 2/41
Duncan, G. M., O.B.E.   1/ 2/41
Greenshields, A. G. D.   1/ 2/41
Gunton, F.   1/ 2/41
Kerrison, R. F.   1/ 2/41
Littlewood, C. E.   1/ 2/41
Lyall-Grant, Sir Robert W., Knt. T.D.   1/ 2/41
Pickford, P., D.S.O., M.C., T.D.   1/ 2/41
Wood, E. H.   1/ 2/41
Taunton, A. L.   1/ 2/41
Taylor, H. V.   1/ 2/41
Wilson, C. B., M.C.   1/ 2/41

2nd Lieutenants
Almey, L. W.   1/ 2/41
Brummage, J. H.   1/ 2/41
Duffield, W. C.   1/ 2/41
Missen, P. A.   1/ 2/41
Pollock, N. F.   1/ 2/41
Purdy, T. W., T.D.   1/ 2/41
Bell, F. R.   1/ 2/41
Gurney, A. R.   1/ 2/41

Adjutant & Quarter-Master.

Medical Officer.

EAST ANGLIA NORTH AREA - contd.

EAST NORFOLK ZONE - contd.

6th NORFOLK BATTALION

Lt.-Colonel
Prior, B. H. L., D.S.O., T.D., (Col. ret. T.A.)   1/ 2/41

Majors
Mead, P. J.   1/ 2/41
Noel, B. V.   1/ 2/41
Twiss, C. C. H., D.S.O.   1/ 2/41

Captains
Aitken, R. J.   1/ 2/41
Hawke, R. W.   1/ 2/41
Morse, F. J.   1/ 2/41
Smith, J. de C.   1/ 2/41

Lieutenants
Binnion, H. R.   1/ 2/41
Blink, S. T.   1/ 2/41
Chittleburgh, C. F.   1/ 2/41
Coleman, J. A.   1/ 2/41
Drake, F. W., M.M.   1/ 2/41
Ellis, P. S.   1/ 2/41
Falcon, M.   1/ 2/41
Gowing, J. T.   1/ 2/41
Habgood, J. C.   1/ 2/41
Harris, J. H.   1/ 2/41
Jewson, P. W.   1/ 2/41
Kitchener, G. H.   1/ 2/41
Miles, A. R.   1/ 2/41
Nicholls, R.   1/ 2/41
Taylor, A. R.   1/ 2/41
Ward, C. H.   1/ 2/41
Ward, S. C.   1/ 2/41
Wright, T.   1/ 2/41
Wray, H. E.   1/ 2/41

2nd Lieutenants
Burbury, F. H.   1/ 2/41
Ellis, J. H.   1/ 2/41
Golder, W. R. J.   1/ 2/41
Harrison, J. C.   1/ 2/41
Harvey, J. C.   1/ 2/41
Hewlett, S. F.   1/ 2/41
Ling, E. W.   1/ 2/41
Misselbrook, B. L.   1/ 2/41
Wilson, H. H.   1/ 2/41
Fowler, T. G.   1/ 2/41
Jones, C. D.   1/ 2/41
Leathes, C. de M., O.B.E.   1/ 2/41
Morrish, S. A.   1/ 2/41
Walker, W. R.   1/ 2/41
Tann, W. W.   1/ 2/41
Darby, B. J.   5/ 6/41

Adjutant & Quarter-Master

Medical Officer

8th NORFOLK BATTALION

Lt.-Colonel
Buxton, R. G., (Capt. late T. A.)   1/ 2/41

Majors
Bartholomew, J.   1/ 2/41
Bradley, H. A., M.C.   1/ 2/41
Buller, J. F., M.C.   1/ 2/41
Pitcher, D. Le G., C.M.G., C.B.E., D.S.O., (Air Commodore ret. R.A.F.)   1/ 2/41
Short, W. J.   1/ 2/41

Captains
Barnham, G. W.   1/ 2/41
Makins, E.   1/ 2/41

Lieutenants
Broadhead, J. K. W.   1/ 2/41
Mallon, W. A. R.   1/ 2/41
Oldroyd, L.   1/ 2/41
Page, G.   1/ 2/41
Sanderson, D. H.   1/ 2/41
Saunders, A. A.   1/ 2/41
Warner, R. G.   1/ 2/41
Ashley-Dodd, G. L.   7/ 6/41

2nd Lieutenants
Bunning, A. R., M.M.   1/ 2/41
Frost, C. B.   1/ 2/41
Hellicar, C. C.   1/ 2/41
Hillier, G. C. F.   1/ 2/41
Moreton, G.   1/ 2/41
Platten, P. J.   1/ 2/41
Thornton, H. T.   1/ 2/41
Banner, F. R.   1/ 2/41
Hepburn, J. S.   1/ 2/41
Wharf, H. W.   1/ 2/41
Wiseman, B.   1/ 2/41
Watsham, H. J.   1/ 2/41

Adjutant & Quarter-Master

Medical Officer

EAST ANGLIA NORTH AREA - contd.

EAST NORFOLK ZONE - contd.

10th NORFOLK BATTALION

Lt.-Colonel
Hornor, B. F., D.S.O., (Lt. late R. Norfolk R.)	1/ 2/41

Majors
Morgan, H. N., M.C.	1/ 2/41
Bates, W. E.	1/ 2/41
Bussey, G. R. J.	1/ 2/41
Coe, E. H., M.C.	1/ 2/41
Durrant, B. H., M.C.	1/ 2/41
Sexton, F. A.	1/ 2/41

Captains
Croghan, N. C.	1/ 2/41
Cubitt, F. J.	1/ 2/41
King, C.	1/ 2/41
Priestley, J. H. S.	1/ 2/41
Turnbull, A. W.	1/ 2/41
Tyce, C. G., M.C.	1/ 2/41

Lieutenants
Adcock, E. A.	1/ 2/41
Ball, E. G.	1/ 2/41
Clegg, T. H., M.B.E., M.C.	1/ 2/41
Cooper, A. J.	1/ 2/41
Ennion, S. T. E. P.	1/ 2/41
Hayman, L. P.	1/ 2/41
Jevons, J. H. W.	1/ 2/41
Johnson, C. B.	1/ 2/41
Lincoln, A. P., D.C.M.	1/ 2/41
Matthews, R. R.	1/ 2/41
Mills, E. W.	1/ 2/41
Morris, F. W.	1/ 2/41
Mottram, R. H.	1/ 2/41
Peden-Wilson, D.	1/ 2/41
Pond, E. W.	1/ 2/41
Richens, H. E.	1/ 2/41
Rowbury, L. J.	1/ 2/41
Ruane, A.	1/ 2/41
Smythe, O. P.	1/ 2/41
Spooner, P. J.	1/ 2/41
Standley, F. R., D.C.M.	1/ 2/41
Steel, R. W.	1/ 2/41
Towers, A., M.M.	1/ 2/41
Turner, C. E.	1/ 2/41

Lieutenants - contd.
Anderson, G. H.	1/ 2/41
Dunlop, W.	1/ 2/41
Lusher, W. S.	1/ 2/41

2nd Lieutenants
Allen, H. W. C.	1/ 2/41
Barker, J. F., D.C.M.	1/ 2/41
Bayliss, A. J.	1/ 2/41
Bellamy, J. W.	1/ 2/41
Brown, D. H.	1/ 2/41
Carter, W. A.	1/ 2/41
Cropp, H.	1/ 2/41
Cutbush, W. G.	1/ 2/41
Daniels, L. M., M.M.	1/ 2/41
Edmunds, C. L.	1/ 2/41
Hurrall, W. H.	1/ 2/41
Ingamells, F. G.	1/ 2/41
Kidd, J. H.	1/ 2/41
Lewden, W. D.	1/ 2/41
McCombie, W. H.	1/ 2/41
Payne, J.	1/ 2/41
Turner, P. E.	1/ 2/41
Wells, A. C. W., M.M.	1/ 2/41
Roshier, F. W.	1/ 2/41
Sale, E. W.	1/ 2/41
Sharpe, H. W.	1/ 2/41
Smith, S. W.	1/ 2/41
Sussams, W. L.	1/ 2/41
Barfield, T. J.	1/ 2/41
Bishop, R. F.	1/ 2/41
Crofton-Sleigh, C.	1/ 2/41
Stapley, F. W.	1/ 2/41
Thompson, H. M.	1/ 2/41

Adjutant & Quarter-Master

Medical Officer
Moor, Maj. F., M.C., M.D.	2/ 4/41

EAST ANGLIA NORTH AREA - contd.

EAST NORFOLK ZONE - contd.

11th NORFOLK BATTALION

Lt.-Colonel
Haward, F. R. B., (Maj. ret. T.A.)   1/ 2/41

Majors
Tunbridge, S. T., T.D.   1/ 2/41
Clowes, C. P.   1/ 2/41
Maddieson, H. J.   1/ 2/41
Newman, W. A.   1/ 2/41
Salmon, H. A. C., D.C.M.   1/ 2/41

Captains
Davey, J.   1/ 2/41
Mason, T. J.   1/ 2/41
Parslow, J. E.   1/ 2/41

Lieutenants
Applegate, E. W.   1/ 2/41
Barfield, W. A.   1/ 2/41
Bond, P. A.   1/ 2/41
Brown, F. A.   1/ 2/41
Chinery, F. R.   1/ 2/41
Connors, H.   1/ 2/41
Crozier, H.   1/ 2/41
Flaxman, G. A.   1/ 2/41
Fox, W. G.   1/ 2/41
Gower, S. G.   1/ 2/41
Jones, H. B.   1/ 2/41
Lane, R. C.   1/ 2/41
Lewis, R. F.   1/ 2/41
Palmer, J. G.   1/ 2/41
Pike, A. R.   1/ 2/41
Temple, W. F.   1/ 2/41
Thompson, E. A. H.   1/ 2/41
Wharton, C.   1/ 2/41
Durrant, A. E. V.   1/ 2/41
Wharton, H., M.M.   1/ 2/41

Adjutant & Quarter-Master

Medical Officer

13th NORFOLK BATTALION

Lt.-Colonel
Spurrell, W. J., D.S.O., M.C., (Lt.-Col. late R. Norfolk R.)   1/ 2/41

Majors
Ketton-Cremer, R. W.   1/ 2/41
Walker, C. H. G.   1/ 2/41
Gurney, Q. E.   9/ 5/41

Captains
Sale, J. C., D.S.O., M.C., (Maj. late R.A.M.C.)   1/ 2/41
Wortley, W. H. F.   9/ 5/41

Lieutenants
Dewing, G. E.   1/ 2/41
Harden, R. A.   1/ 2/41
Meiklejohn, Rev. R.   1/ 2/41
Parker, R. M.   1/ 2/41
Turner, C. R.   1/ 2/41
Bass, S. B.   1/ 2/41
Bray, E. W.   1/ 2/41
Campbell, W. A.   1/ 2/41
Stimpson, B.   1/ 2/41
Underwood, J. W.   1/ 2/41
Winch, S. B., O.B.E.   1/ 2/41
Beeton, J. W. C.   1/ 2/41
Hagen, J. A.   1/ 2/41
Hammond, B.   1/ 2/41
Mills, C. F.   1/ 2/41
Perry-Warnes, S. H.   1/ 2/41

2nd Lieutenants
Garrod, A. W.   1/ 2/41
Mee, J. T. M.   1/ 2/41
Sayer, R. P.   1/ 2/41

Adjutant & Quarter-Master
Harman, Capt. F. de W., D.S.O., (Maj. ret. pay)   19/ 2/41

Medical Officer

EAST ANGLIA NORTH AREA – contd.
MID NORFOLK ZONE

Commander	Steward, Col. E. M., C.B., C.S.I., O.B.E., (Maj.-Gen. late Ind. Army) 1/ 2/41
Assistant to Commander	Goff, Capt. G. H. 1/ 2/41
Territorial Army Association administering	Norfolk T.A. Association, 22 Tombland, Norwich.

1st NORFOLK BATTALION

Lt.-Colonel
Barclay, J. F., T.D., (Lt.-Col. ret. T.A.)   1/ 2/41

Majors
Flower, C. H., M.C.   1/ 2/41
Aldiss, H. G.   1/ 2/41
Chapman, E. C.   1/ 2/41
Keith, E. C.   1/ 2/41
Whitworth, J.   1/ 2/41

Captains
Dodds, E.   1/ 2/41
Everington, W. D.   1/ 2/41
Sayer, J. A.   1/ 2/41
Walker, A. A.   1/ 2/41
Probyn, T. B.   27/ 5/41

Lieutenants
Clarke, W. N.   1/ 2/41
Disdale, T. W.   1/ 2/41
Farrant, S.   1/ 2/41
Foster, H.   1/ 2/41
Garlick, H. J. H.   1/ 2/41
Geddes, T. G.   1/ 2/41
Greenwood, L.   1/ 2/41
Hunter, H. M.   1/ 2/41
Jones, W.   1/ 2/41
Keppel, B. W. A.   1/ 2/41
Monk, W. J.   1/ 2/41
Partridge, F. T.   1/ 2/41
Percival, A. G.   1/ 2/41
Riches, E. M.   1/ 2/41
Wayne, R. F. St. B.   1/ 2/41
Allen, F. C. S.   1/ 2/41
Gorry, C. L.   1/ 2/41
Smith, G. R.   19/ 5/41

2nd Lieutenants
Bird, B. C.   1/ 2/41
Burton, A. F.   1/ 2/41
Crane, F. R.   1/ 2/41
Farrow, G. A.   1/ 2/41
Greenwood, H., M.M.   1/ 2/41
Mack, T.   1/ 2/41
Hayes, F. J.   1/ 2/41
Mitchell, J. B.   1/ 2/41
McClelland, J.   1/ 2/41
Vasey, G. H.   1/ 2/41
Whaites, R.   1/ 2/41
Gibbs, J. S.   1/ 2/41
McGuffie, J. R.   14/ 6/41
Smith, D. I.   14/ 6/41

Adjutant & Quarter-Master

Medical Officer

3rd NORFOLK BATTALION
(REAR HALF)

Majors
Mann, E. J.   1/ 2/41
Beck, A.   1/ 2/41
Moore, S.   1/ 2/41
Taylor, A. L.   1/ 2/41

Captains
Foulsham, H. S.   1/ 2/41
Pulman, W. P.   1/ 2/41
Read, R. J.   1/ 2/41

Lieutenants
Brighton, J. L.   1/ 2/41
Formby, M. R.   1/ 2/41
Hall, H. S.   1/ 2/41
Hubbard, I. S.   1/ 2/41
Hunter, M. J.   1/ 2/41
Marshall, H. J.   1/ 2/41
Rutter, W. G.   1/ 2/41
Stimpson, S. A.   1/ 2/41
Cole, S. J.   1/ 2/41
Pursehouse, W. H.   1/ 2/41
Skinner, J. H. McI.   1/ 2/41

2nd Lieutenants
Ashton, S. T.   1/ 2/41
Boston, G. W.   1/ 2/41
Foster, W.   1/ 2/41
Mutimer, C.   1/ 2/41
Noy, G. S.   1/ 2/41
Pullen, M. M.   1/ 2/41
Self, A., M.M.   1/ 2/41
Perfitt, J. L.   1/ 2/41
Wainwright, F. R.   28/ 4/41
Downton, M. M.   16/ 5/41
Nicholls, C.   16/ 5/41
Ives, H. J.   4/ 6/41
Bussey, A.   7/ 6/41

Adjutant & Quarter-Master

Medical Officer

EAST ANGLIA NORTH AREA - contd.

MID NORFOLK ZONE - contd.

9th NORFOLK BATTALION

Lt.-Colonel
Back, H. W., (Maj. ret. T.A.)   1/ 2/41

Majors
Denny, E. W., D.S.O. (Maj. ret. pay)   1/ 2/41
Fagen, D. P.   1/ 2/41
Prior, J. H., D.S.O.   1/ 2/41
Salter, W. E., T.D.   1/ 2/41

Captains
McMillan-Scott, T. A. F.   1/ 2/41
Russell, C. R.   1/ 2/41
Hart, R. G.   1/ 2/41
Thackeray, T. F. M.   1/ 2/41

Lieutenants
Bantock, A. E.   1/ 2/41
Twiddy, L.   1/ 2/41
Vereker, M. C. P., M.C.   1/ 2/41
Witton, E. G.   1/ 2/41
Bell, A.   1/ 2/41
Clarke, G. R. F.   1/ 2/41
Fryer, P. W. J.   1/ 2/41
Lawrence, R. T.   1/ 2/41
Partridge, E. C.   1/ 2/41
Swindells, F. H.   1/ 2/41
Claridge, D. P.   2/ 6/41
Fletcher, L.   2/ 6/41
Garland, F. N.   2/ 6/41
Holmes, G. N.   2/ 6/41

2nd Lieutenants
Alston, J. D.   1/ 2/41
Bainbridge, P. A.   1/ 2/41
Bell, W. L.   1/ 2/41
Bird, G.   1/ 2/41
Blake, A. M.   1/ 2/41
Corbould-Warren, W.   1/ 2/41
Drane, J.   1/ 2/41

2nd Lieutenants - contd.
Dunning, R. J.   1/ 2/41
Friswell, P. R., M.C.   1/ 2/41
Garnier, C. N., O.B.E.   1/ 2/41
Gowing, E. B.   1/ 2/41
Green, G.   1/ 2/41
Harrison, H. F.   1/ 2/41
Harrold, S. H.   1/ 2/41
Hedley, J., M.C.   1/ 2/41
Hinchley, P. E.   1/ 2/41
Howlett, G. C.   1/ 2/41
Jones, D.   1/ 2/41
Kay, J. S. G.   1/ 2/41
Keel, A. W. J.   1/ 2/41
Kemp, J. W.   1/ 2/41
Larwood, E., D.C.M.   1/ 2/41
Law, F. B., M.C.   1/ 2/41
Lord, T. H.   1/ 2/41
Mayne, L. H.   1/ 2/41
Melton, A. L.   1/ 2/41
Norton, J.   1/ 2/41
Parker, R. E.   1/ 2/41
Pattinson, C. A.   1/ 2/41
Ware, J. R.   1/ 2/41
Woods, F. C.   1/ 2/41
Youngman, A. C.   1/ 2/41
Youngman, J. J.   1/ 2/41
Pratt, E.   1/ 2/41
Smith, H. L.   1/ 2/41
Hunt, F. E.   1/ 2/41
Marwood, G. H.   1/ 2/41
Browne, F. W.   5/ 6/41
Davey, T. P.   5/ 6/41
Howlett, A. D.   5/ 6/41
Steed, A. J.   5/ 6/41

Adjutant & Quarter-Master

Medical Officer

56455-1(49)

EAST ANGLIA NORTH AREA - contd.

WEST NORFOLK ZONE

Commander	Pratt, Col. E. R., M.C. (Lt.-Col. ret. pay)	1/ 2/41
Assistant to Commander	Hancock, Capt. F. H.	11/ 4/41
Territorial Army Association administering	Norfolk T. A. Association, 22, Tombland, Norwich.	

2nd NORFOLK BATTALION

Lt.-Colonel
Wingfield, C. A. F., (Maj. ret. T.A.).	1/ 2/41

Majors
Buchanan, H.	1/ 2/41
Bagge, Sir John P., Bt., C.M.G.	1/ 2/41
Clark, C.	1/ 2/41
Clayton, F.	1/ 2/41
Dennis, R.	1/ 2/41
Hartley, J. E. T.	1/ 2/41
Teverson, H. G., M.C., M.M.	1/ 2/41

Captains
Easter, J. H.	1/ 2/41
Hudson, J. W.	1/ 2/41
Monson, C. S.	1/ 2/41
Ray, C. H.	1/ 2/41
Wright, W. A.	1/ 2/41

Lieutenants
Bane, H., M.M.	1/ 2/41
Clark, H.	1/ 2/41
Doubleday, B. N.	1/ 2/41
Doubleday, L.	1/ 2/41
Easy, T., M.M.	1/ 2/41
Ellis, C. A.	1/ 2/41
Frusher, E.	1/ 2/41
Godfrey, E. W.	1/ 2/41
Greef, J.	1/ 2/41
Hawes, A. J., M.C.	1/ 2/41
Heyhoe, S. R.	1/ 2/41
Judd, A. H.	1/ 2/41
Leggeri, P. A.	1/ 2/41

Lieutenants - contd.
Lindsay Smith, H.	1/ 2/41
Orange, J. T.	1/ 2/41
Roberts, P. G.	1/ 2/41
Seamer, S.	1/ 2/41
Sharp, H. H.	1/ 2/41
West, B. H.	1/ 2/41
Dalton, G. W.	1/ 2/41
English, I. M. D.	1/ 2/41
Green, F.	1/ 2/41
Gutteridge, V. C.	23/ 5/41
Parkinson, C.	23/ 5/41
Spencer, J. W.	23/ 5/41

2nd Lieutenants
Carr, J. G. A.	1/ 2/41
Chilvers, C. W.	1/ 2/41
Dennington, A. A.	1/ 2/41
Bishop, A. G.	1/ 2/41
Holland, C. A.	1/ 2/41
Joyner, C. H.	1/ 2/41
Robinson, J. J.	1/ 2/41
Turner, A.	1/ 2/41
West, H.	1/ 2/41
Grant, D., M.M.	12/ 5/41
Peck, R., M.M.	12/ 5/41

Adjutant & Quarter-Master

Medical Officer

EAST ANGLIA NORTH AREA - contd.
WEST NORFOLK ZONE - contd.

7th NORFOLK BATTALION

Lt.-Colonel

Birbeck, O., (Lt.-Col. ret. T.A.)	1/ 2/41

Majors

Fountaine, C. A., C.B. (Vice-Adml. ret. R.N.)	1/ 2/41
Bullen, F.	1/ 2/41
Carlyon, T., D.S.O. (Lt.-Col. ret. pay)	1/ 2/41
North, R.	1/ 2/41
Melvill, T. P., D.S.O. (Col. ret. pay)	1/ 2/41

Captains

Brown, C. C.	1/ 2/41
Heywood, R. P.	1/ 2/41

Lieutenants

Dring, A.	1/ 2/41
Gurney, D. W. T., M.C.	1/ 2/41
Haggas, H. J.	1/ 2/41
Johnson, A. R.	1/ 2/41
Kay, S.	1/ 2/41
King, E. M.	1/ 2/41
Knight, F. J.	1/ 2/41
Marsters, A. L.	1/ 2/41
Rowe, W., M.C.	1/ 2/41
Standfield, W. J.	1/ 2/41
Wardle, G. N.	1/ 2/41
Crean, J. A.	1/ 2/41
Ground, T. L., D.S.O.	1/ 2/41
Ringer, E. H.	1/ 2/41
Brereton, A.	14/ 5/41
Culham, A. F.	14/ 5/41
Hancock, J. E.	14/ 5/41
Sykes, A. G.	14/ 5/41
Buckley, R. W.	22/ 5/41
Laing, J. A.	3/ 6/41

2nd Lieutenants

Giles, A. R.	1/ 2/41
Le Grice, C. E.	1/ 2/41
Kiddell, A. C.	1/ 2/41
Simpson, G. J. R.	1/ 2/41
Thain, P. E.	1/ 2/41
Terry, J. H. W.	11/ 3/41
Barrett, A. E.	14/ 5/41

Adjutant & Quarter-Master

Medical Officer

12th NORFOLK BATTALION

Lt.-Colonel

Leslie, J., D.S.O., M.C., (Maj. late Tank Corps.)	1/ 2/41

Majors

Green, W., C.B., D.S.O. (Maj.-Gen. ret. pay)	1/ 2/41
Clarkson, S. G.	1/ 2/41
Goodall, M., M.B.E.	1/ 2/41
Howard, Hon. J. K. E.	1/ 2/41
Lance, H. W., O.B.E.	1/ 2/41
Whittaker, C. P., M.C.	1/ 2/41

Captains

Watson, J. F. B.	1/ 2/41
Wheatley, M.	1/ 2/41

Lieutenants

Card, G. V.	1/ 2/41
Fourdrinier, Rev. N. D.	1/ 2/41
Frammingham, W. W.	1/ 2/41
Freeman-Taylor, R. L.	1/ 2/41
Hancock, R. D.	1/ 2/41
Johnson, P. H. H.	1/ 2/41
Lambert, J. E. A.	1/ 2/41
Nelson, W. J.	1/ 2/41
Osborne, A. R.	1/ 2/41
Parke, C. W.	1/ 2/41
Poppleton, A.	1/ 2/41
Prior, J. R.	1/ 2/41
Pull, R. F.	1/ 2/41
Stimpson, F.	1/ 2/41
Williamson, E. E., M.M.	1/ 2/41
Woodward, G.	1/ 2/41
Lecky, R. L.	10/ 6/41

2nd Lieutenants

Holm, W. P. W.	1/ 2/41
Humphrey, W.	1/ 2/41
Browne, R. H.	2/ 6/41

Adjutant & Quarter-Master

Medical Officer

EAST ANGLIA NORTH AREA - contd.

BEDFORDSHIRE ZONE

Commander   de Putron, Col. H.   1/ 2/41
(Lt.-Col. ret. pay)

Territorial Army Association   Bedfordshire T.A. Association,
administering   95, Ashburton Rd.,
                                   Bedford.

1st BEDFORDSHIRE BATTALION

Lt.-Colonel
White, J. P., M.C. (Capt. late W. York. R.)   1/ 2/41

Majors
Battcock, G. A., C.B.E., T.D.   1/ 2/41
Davies, F. G.   1/ 2/41
Deacon, H. A.   1/ 2/41
McKean, R. N.   1/ 2/41
Smith, S. S.   1/ 2/41
Munn, F. L. R., D.S.O., M.C.   15/ 5/41

Captains
Dixson, W. J., V.D.   1/ 2/41
Gent, F. H.   1/ 2/41
Starey, S. H.   1/ 2/41
Wood, H. H. C.   15/ 5/41

Lieutenants
Abbey, G. J.   1/ 2/41
Allen, W. K. G.   1/ 2/41
Atkinson, R. J.   1/ 2/41
Bilham, D. G. R.   1/ 2/41
Cuckney, S. T. J.   1/ 2/41
Elliot-Smith, S. G.   1/ 2/41
Fogarty, T. F.   1/ 2/41
Freeman, C. J.   1/ 2/41
Garner, C. J.   1/ 2/41
Hewitt, G.   1/ 2/41
Hill, A. H.   1/ 2/41
Hockliffe, M. F. R.   1/ 2/41
James, L. W.   1/ 2/41
King, J. D.   1/ 2/41
Laurie, W. J.   1/ 2/41
Lee, A. G.   1/ 2/41
Liddle, H. W.   1/ 2/41
Lindsay, J., M.C.   1/ 2/41
Loch, S. G., C.B., C.S.I., D.S.O. (Maj.-Gen. ret. pay)   1/ 2/41
Nicholson, L. H.   1/ 2/41
Rawlins, C. W.   1/ 2/41
Rawlins, F.   1/ 2/41
Rodger, J. B., M.C.   1/ 2/41
Scrivenor, J. B.   1/ 2/41

Lieutenants - contd.
Setchell, G. F.   1/ 2/41
Short, H. S. E., M.M.   1/ 2/41
Taylor, J. R., T.D.   1/ 2/41
Tusting, J. C.   1/ 2/41
Walmsley, A.   1/ 2/41
Watson, J. S.   1/ 2/41
Webster, G. R.   1/ 2/41
Wheatley, S. J.   1/ 2/41
Wade-Gery, R. I.   15/ 5/41
Eldridge, A.   20/ 5/41
Hodgson, W. B.   20/ 5/41
Lambert, J.   20/ 5/41
O'Bryan, C. W., D.C.M.   20/ 5/41
Smith, R. O.   28/ 5/41

2nd Lieutenants
Armstrong, P.   1/ 2/41
Ball, S. R.   1/ 2/41
Crowe, R. M.   1/ 2/41
Cunard, V.   1/ 2/41
England, T. D.   1/ 2/41
Forrest, R., M.B.E., T.D.   1/ 2/41
Goodwin, H. J.   1/ 2/41
Johns, F. T., M.C.   1/ 2/41
Manning, G. W.   1/ 2/41
Newton, F.   1/ 2/41
Nimmo, A. A.   1/ 2/41
Oldfield, A. G.   1/ 2/41
Parish, W. E.   1/ 2/41
Parkinson, A. R.   1/ 2/41
Wilson, C. H.   1/ 2/41
Woof, H. V.   1/ 2/41
Wood, C. A. H.   1/ 2/41
Abbott, S. V.   20/ 5/41
Frost, N.   20/ 5/41
Jefferies, C., D.C.M., M.M.   20/ 5/41
Mara, J. P.   20/ 5/41
Marks, R.   20/ 5/41
Munt, R. W.   20/ 5/41
Pinnington, M.   20/ 5/41
Stanbridge, H. J.   20/ 5/41

Adjutant & Quarter-Master

Medical Officer

EAST ANGLIA NORTH AREA – contd.

BEDFORDSHIRE ZONE – contd.

2nd BEDFORDSHIRE BATTALION

Lt.-Colonel

Bowes-Lyon, Hon. M. C. H. (Capt. late R. Scots.)	1/2/41

Majors

Issit, S. G.	1/2/41
Barry, C. A.	1/2/41
Chapman, W. A.	1/2/41
Elphick, E. R.	1/2/41
Ream, T. H.	1/2/41
Wade-Gery, W. R.	22/4/41

Captains

Ashmole, W. G.	1/2/41
Neale, N. G. J.	1/2/41
Smith, E.	1/2/41
Vincent, F.	1/2/41
Chirnside, W. S., M.C.	1/5/41

Lieutenants

Ash, R. R.	1/2/41
Bartle, F. J.	1/2/41
Brightman, W.	1/2/41
Bunker, S. G., M.M.	1/2/41
Busby, J.	1/2/41
Chapman, H. E.	1/2/41
Davison, L. V.	1/2/41
Gaught, E. E.	1/2/41
Gilbert, L.	1/2/41
Hailey, C. C., M.M.	1/2/41
Hawkes, W. J.	1/2/41
Jeeves, J.	1/2/41
Jenkins, E.	1/2/41
Leonard, G. T. I.	1/2/41
Lewis, L. H.	1/2/41
Lund, R. J.	1/2/41

Lieutenants – contd.

Medlock, G. W., D.C.M.	1/2/41
Parrish, F. B.	1/2/41
Reid, W. B.	1/2/41
Rose, W. H.	1/2/41
Rowell, K.	1/2/41
Stowe, P. W.	1/2/41
Walker, A. E.	1/2/41
Walsh, T.	1/2/41
Wells, V. G. A.	1/2/41
White, C. A.	1/2/41
Woodall, W. H.	1/2/41
Forwood, G. E., D.C.M., M.M.	1/2/41
Linford, H.	1/2/41
Rose, W. J. H.	1/2/41

2nd Lieutenants

Bennett, A.	1/2/41
Greenane, F. J.	1/2/41
Harradine, P. E.	1/2/41
Mackenzie, E. G.	1/2/41
Smyth, T. H.	1/2/41
Surkitt, J.	1/2/41
Wood, A. H.	1/2/41
Wotton, E. J.	1/2/41
Plumb, R.	1/2/41
Whitehead, R. F.	3/6/41

Adjutant & Quarter-Master

Medical Officer

EAST ANGLIA NORTH AREA – contd.

BEDFORDSHIRE ZONE – contd.

3rd BEDFORDSHIRE BATTALION

Lt.-Colonel

VC Foss, C.G., C.B., D.S.O., (Hon Brig. ret. pay)   1/ 2/41

Majors

Cadman, S.	1/ 2/41
Crockatt, T.	1/ 2/41
Lyall, R. A., D.S.O.	1/ 2/41
Marshall, A. H.	1/ 2/41
Part, D. C., O.B.E.	1/ 2/41
Sharp, R. J.	1/ 2/41
Skinner, E. J., D.S.O. (Col. ret. pay)	1/ 2/41

Captains

Allen, H. J.	1/ 2/41
Barrett, A. M.	1/ 2/41
Forse, A., D.C.M., M.M.	1/ 2/41
Inskip, W. W.	1/ 2/41
Mead, F., D.C.M.	1/ 2/41
Vick, L. F., M.C.	1/ 2/41
Watson-Baker, W. E.	1/ 2/41

Lieutenants

Allen, E. C.	1/ 2/41
Andrews, J. G.	1/ 2/41
Andrews, R. O.	1/ 2/41
Amos, E. S.	1/ 2/41
Browne, D. B.	1/ 2/41
Croxford, F., M.M.	1/ 2/41
Darby, H. J.	1/ 2/41
Dight, F. H.	1/ 2/41
Flynn, A. J.	1/ 2/41
Greene, J. H.	1/ 2/41
Hailstone, G. R.	1/ 2/41
Harlow, A. J.	1/ 2/41
Higgs, W. S.	1/ 2/41
Howard, E. J., O.B.E.	1/ 2/41
Hubbard, G. O.	1/ 2/41
Jarvis, P.	1/ 2/41
Johnson, L. L.	1/ 2/41
Kirby, R.	1/ 2/41
Marks, W. H.	1/ 2/41
Martin, E. P.	1/ 2/41
Mieville, W. S., M.C.	1/ 2/41
Miller, R. H. N.	1/ 2/41
Mitchell, G. D., O.B.E.	1/ 2/41
Miller, T. F.	1/ 2/41
Phillips, A.	1/ 2/41
Pike, O. G.	1/ 2/41
Pratt, G. T.	1/ 2/41
Ruggles, H. G.	1/ 2/41

Lieutenants – contd.

Rutter, E. L.	1/ 2/41
Sims, R. W., O.B.E., D.S.M.	1/ 2/41
Underwood, F. A.	1/ 2/41
Wheeler, L. F.	1/ 2/41
Pennycook, W., D.C.M.	1/ 2/41
Miller, J. A., D.S.O.	1/ 2/41
Avory, W.	14/ 5/41

2nd Lieutenants

Beal, W. P. B.	1/ 2/41
Bunker, F. G.	1/ 2/41
Burton, B. J.	1/ 2/41
Corker, T. D.	1/ 2/41
Elliott, G. R.	1/ 2/41
Fowler, G. E. D.C.M.	1/ 2/41
Holman, H. C.	1/ 2/41
Jones, R. B.	1/ 2/41
Jupp, L. G.	1/ 2/41
Kent, D. W.	1/ 2/41
Lawrence, C. J.	1/ 2/41
Lewington, C.	1/ 2/41
MacArthur, R. A.	1/ 2/41
Moore, V. T.	1/ 2/41
Morgan, R. M.	1/ 2/41
Nash, W. C.	1/ 2/41
Northwood, L. B.	1/ 2/41
Payton, T. G.	1/ 2/41
Phillips, H. C. B.	1/ 2/41
Price, H., M.M.	1/ 2/41
Rawsthorne, W. J.	1/ 2/41
Reynolds, C. H., D.C.M., M.M.	1/ 2/41
Sharpe, N. F.	1/ 2/41
Smith, B.	1/ 2/41
Stone, W. A.	1/ 2/41
Thorogood, R. G.	1/ 2/41
Wallis, R. J.	1/ 2/41
Wilcox, W. A.	1/ 2/41
Willey, R. J.	1/ 2/41
Willis, E. A.	1/ 2/41
Jones, A.	1/ 2/41
Mead, W. G.	1/ 2/41
Peters, D. L.	1/ 2/41
Dunham, J. W.	14/ 5/41
Evans, W.	14/ 5/41
Lamb, S.	14/ 5/41
Roberts, O. F. T., M.C.	14/ 5/41

Adjutant & Quarter-Master

Medical Officer

EAST ANGLIA NORTH AREA – contd.

BEDFORDSHIRE ZONE – contd.

4th BEDFORDSHIRE BATTALION

Lt.-Colonel

Mander, A. J. (Maj. ret. T.A.)   1/2/41

Majors

Weedon, J. W.	1/2/41
Brett, J. H.	1/2/41
Durler, H. R.	1/2/41
Gregory, R.	1/2/41
Harmer, F. G., M.M.	1/2/41
Large, R. C.	1/2/41
Stephenson, J. H.	1/2/41

Captains

Cunningham, J. C., D.S.O., G.M.	1/2/41
Godfrey, A. F.	1/2/41
Harnaman, J.	1/2/41
Lintern, E. E. C., M.C.	1/2/41
Plowman, T. H.	1/2/41
Whiteley, F. G.	1/2/41

Lieutenants

Bennett, A. N. C.	1/2/41
Bennett, K. J.	1/2/41
Cooke, H. H.	1/2/41
Croucher, A.	1/2/41
Dixon, B.	1/2/41
Fielder, C. H.	1/2/41
Goddard, F. G., M.C.	1/2/41
Goring, L. W.	1/2/41
Howard, H. W.	1/2/41
Jones, R. A. N.	1/2/41
Kent, L. H.	1/2/41
Parrott, S. A.	1/2/41
Pottie, W.	1/2/41
Rudd, B. J., M.M.	1/2/41
Smith, K. T.	1/2/41
Thompson, C. R.	1/2/41
Allen, J. A. G.	1/2/41
Franklin, W. E.	1/2/41
Chalkley, H.	20/5/41

2nd Lieutenants

Bamford, L. H.	1/2/41
Bower, W. E. C.	1/2/41
Burgess, A.	1/2/41
Butterfield, F. E.	1/2/41
Clarke, H. E. E., M.M.	1/2/41
Cox, P.	1/2/41
Fisher, R. E.	1/2/41
Glenister, R. A.	1/2/41
Hills, W. O.	1/2/41
Holding, W. J.	1/2/41
Hyde, R. W.	1/2/41
Kenrick, L. G.	1/2/41
Mills, R. T.	1/2/41
Palmer, G. C.	1/2/41
Parkes, B.	1/2/41
Skinner, A. S., M.M.	1/2/41
Smith, B. M.	1/2/41
Smith, W.	1/2/41
Turner, D.	1/2/41
Went, H. S. D.	1/2/41
Brightman, F. G.	1/2/41
Butt, W. J.	1/2/41
Chandler, H. G.	1/2/41
Farey, E. V.	1/2/41
Weller, G. T.	1/2/41
Smith, V. J.	12/5/41
Cain, H. W.	31/5/41

Adjutant & Quarter-Master

Medical Officer

EAST ANGLIA NORTH AREA - contd.

CAMBRIDGE ZONE

Commander
Phillips, Col. W. N. (Maj. late T.A.) 1/ 2/41

Assistant to Commander
Diver, Capt. W. A. 1/ 2/41

Territorial Army Association administering.
Cambridgeshire T.A. Association,
Drill Hall, East Road,
Cambridge.

1st CAMBRIDGESHIRE BATTALION

Lt.- Colonel
Bryan, J. M. (Maj. T.A. Res.)	1/ 2/41

Majors
Engledow, F. L., C.M.G.	1/ 2/41
Brooke, F. E., M.C.	1/ 2/41
Chivers, J. S.	1/ 2/41
Langton, J. H., D.S.O.	1/ 2/41

Captains
Bird, A. K.	1/ 2/41
Maurice, L. S.	1/ 2/41

Lieutenants
Addy, D'A.	1/ 2/41
Bavester, F. C.	1/ 2/41
Breysher, E. C.	1/ 2/41
Brown, F. G.	1/ 2/41
Chivers, S. O.	1/ 2/41
Druce, W. H., D.C.M.	1/ 2/41
Easy, W. J.	1/ 2/41
Fletcher, A. E.	1/ 2/41
Gane, R.	1/ 2/41
Gothard, J.	1/ 2/41

Lieutenants - contd.
Graves, H. T.	1/ 2/41
Inglis, J. G.	1/ 2/41
Littlewood, C. G.	1/ 2/41
Norman, B. T.	1/ 2/41
Smith, C., M.M.	1/ 2/41
Waters, J.	1/ 2/41
Womersley, W. D., T.D.	1/ 2/41
Oxley, C. D.	1/ 2/41
Walkling, E. J.	1/ 2/41

2nd Lieutenants
Harvey, R.	1/ 2/41
Howard, E.	1/ 2/41

Adjutant & Quarter-Master

Medical Officer
Dwyer-Joyce, Maj. R.,

56455-1 (56)

EAST ANGLIA NORTH AREA – contd.
CAMBRIDGE ZONE – contd.

2nd CAMBRIDGESHIRE BATTALION

Lt.-Colonel
Taylor, W. J., (Lt. late T.A. Res.)   1/ 2/41

Majors
Fisher, A.   1/ 2/41
Francis, J. C. W.   1/ 2/41
Taylor, T. T.   1/ 2/41

Captains
Ford, F. J.   1/ 2/41
Menzies-Kitchin, A. W.   1/ 2/41
Pledger, G. E., M.C.   1/ 2/41

Lieutenants
Bailey, A. E.   1/ 2/41
Bullman, F. J.   1/ 2/41
Collin, G. P.   1/ 2/41
Cowell, G. C. H.   1/ 2/41
Dawson, E. P., M.C.   1/ 2/41
Day, W. G.   1/ 2/41
Fison, A. M.   1/ 2/41
Gammon, B.   1/ 2/41
Hely-Hutchinson, J. W.   1/ 2/41
Jarvis, J. L.   1/ 2/41
Jarvis, W. R.   1/ 2/41
Long, C. L.   1/ 2/41
Long, L. G. H.   1/ 2/41
Morriss, H. L. L.   1/ 2/41
Prior, C. B., M.C.   1/ 2/41
Sangster, C. B.   1/ 2/41
Webb, H. L.   1/ 2/41
Woodard, J. C. G.   1/ 2/41
Day, F. T.   1/ 2/41
Lloyd, D. H.   1/ 2/41
Hall, D. C.   19/ 5/41

2nd Lieutenants
Goodchild, H.   1/ 2/41
Holden, A.   1/ 2/41

Adjutant & Quarter-Master

Medical Officer
Gray, Maj. G. C.   21/ 4/41

3rd CAMBRIDGESHIRE BATTALION

Lt.-Colonel
Foster, O. B., M.C., (Lt.-Col. ret. pay)   1/ 2/41

Majors
Thompson, R.   1/ 2/41
Allinson, C. P.   1/ 2/41
Bowers, C. H.   1/ 2/41
Higgins, J.   1/ 2/41
Lacey, G. C.   1/ 2/41
Varley, C. D.   1/ 2/41

Captains
Kidman, C. W., M.M.   1/ 2/41
Smith, H. G.   1/ 2/41
Webb, J. D.   1/ 2/41
Wilkinson, S. F.   1/ 2/41

Lieutenants
Arthur, W. P. J.   1/ 2/41
Blair, T. H. H.   1/ 2/41
Cannon, C. R. M.   1/ 2/41
Coppen, H.   1/ 2/41
Emson, F. J., M.C.   1/ 2/41
Falkner, K. J.   1/ 2/41
Flack, E. M.   1/ 2/41
Hays, R. S.   1/ 2/41
Hobart, R. G.   1/ 2/41
Hollman, P.   1/ 2/41
Patrickson, W. N.   1/ 2/41
Pearce, F. V.   1/ 2/41
Potter, C. F.   1/ 2/41
Ruse, G.   1/ 2/41
Stock, E. G., M.M.   1/ 2/41
Stubbings, J.   1/ 2/41
Upjohn, F. H.   1/ 2/41
Waite, A. G.   1/ 2/41
Schwind, C. H.   1/ 2/41
Collick, W.   1/ 2/41
Collier, J.   1/ 2/41
Day, R.   1/ 2/41
Twitchett, C. C.   1/ 2/41

2nd Lieutenants
Arnold, C. B.   1/ 2/41
Wright, C. G.   1/ 2/41
Terry, L.   1/ 2/41

Adjutant & Quarter-Master
Franklin, Capt. (actg. 28/4/41) H. C. (Gen. List Inf.)   28/ 4/41

Medical Officer
Brown, Maj. A., M.B.   2/ 4/41

EAST ANGLIA NORTH AREA - contd.

CAMBRIDGE ZONE - contd.

4th CAMBRIDGESHIRE BATTALION

Lt.-Colonel
Parker, R. H., M.C., (Capt. late T.A. Res.)	1/ 2/41

Majors
Davenport, A. H., M.C.	1/ 2/41
MacFarlane-Grieve, G. M.	1/ 2/41
Routh, A. L.	1/ 2/41
Tilden, E. D.	1/ 2/41
Yates, H. P., D.S.O. (Lt.-Col. ret. pay)	1/ 2/41

Captains
Banister, H.	1/ 2/41
Lethbridge, T. C.	1/ 2/41
Mundy, P. C. D.	1/ 2/41

Lieutenants
Arnold, E. C.	1/ 2/41
Ashthorpe, A.	1/ 2/41
Bath, S.	1/ 2/41
Berwick, E. B. H., O.B.E., T.D.	1/ 2/41
Bullen, P. V.	1/ 2/41
Clarke, E. A.	1/ 2/41
Clarke, O. C.	1/ 2/41
Coleman, G. P.	1/ 2/41
Cope, P. S.	1/ 2/41
Dove, C. K.	1/ 2/41
Drage, A. L.	1/ 2/41
Ellis, J. W. P.	1/ 2/41
Elworthy, E. G. D.	1/ 2/41
Fraser, M. R.	1/ 2/41
Fyfe, D. T.	1/ 2/41
Galley, L.	1/ 2/41
Gee, J. R. G.	1/ 2/41
Jakeman, P. W.	1/ 2/41

Lieutenants - contd.
Jennings, A.	1/ 2/41
Jopling, J.	1/ 2/41
Matthew, B. J.	1/ 2/41
Nash, C. M.	1/ 2/41
Phear, H. W.	1/ 2/41
Royston, E. R.	1/ 2/41
Seagrave, W. G.	1/ 2/41
Tallyn, B.	1/ 2/41
Whitlock, D. W.	1/ 2/41
Kitchener, H. T.	1/ 2/41

2nd Lieutenants
Burkitt, M. C.	1/ 2/41
Duggans, H. E.	1/ 2/41
Dunkin, C. E.	1/ 2/41
Horne, A. J.	1/ 2/41
Jarman, T. G.	1/ 2/41
Lee, A. E., M.M.	1/ 2/41
Paterson, J.	1/ 2/41
Waller, A. J.	1/ 2/41
Warner, C. A.	1/ 2/41
Bailey, F. H.	1/ 2/41
Cole, E. G.	1/ 2/41
Ellis, A. T.	30/ 4/41
Cockle, G. L.	13/ 5/41

Adjutant & Quarter-Master

Medical Officer
Webb, Maj. C.	25/ 4/41

EAST ANGLIA NORTH AREA - contd.

CAMBRIDGE ZONE - contd.

5th CAMBRIDGESHIRE BATTALION

Lt.-Colonel
Lake, W. J. C. (ret. R.N.)　　1/ 2/41

Majors
Chapman, C. J.　　　　　　1/ 2/41
Christmas, F. J.　　　　　　1/ 2/41
Dale, G. F.　　　　　　　　1/ 2/41
Davies, R. D.　　　　　　　1/ 2/41
Luard, T. B., D.S.O.　　　　1/ 2/41
Watson, T. F., M.C., D.C.M.　1/ 2/41

Lieutenants
Balls, B. H.　　　　　　　　1/ 2/41
Chapman, A. F.　　　　　　1/ 2/41
Clarke, F. A. G.　　　　　　1/ 2/41
Crowe, G. R.　　　　　　　1/ 2/41
Dade, H. F., M.C.　　　　　1/ 2/41
Heywood, H. C. L.　　　　　1/ 2/41
Higgins, N. O.　　　　　　　1/ 2/41
Impey, W. H.　　　　　　　1/ 2/41
Jasper, F. S., M.C.　　　　　1/ 2/41
Marsh, E. C.　　　　　　　　1/ 2/41
Paish, F. W., M.C.　　　　　1/ 2/41
Porteous, P.　　　　　　　　1/ 2/41
Steen, S. W. P.　　　　　　1/ 2/41
Webb, B. H.　　　　　　　　1/ 2/41
West, R. E.　　　　　　　　1/ 2/41
Gray, A. L.　　　　　　　　1/ 2/41
Love, H. O.　　　　　　　　1/ 2/41
Claridge, P. R. P.　　　　　1/ 2/41
Matthews, W. J., D.C.M., M.M.　29/ 5/41

Lieutenants - contd.
Miller, W. C.　　　　　　　29/ 5/41
Watson, A. E., M.M.　　　　29/ 5/41

2nd Lieutenant
Marshall, A. W.　　　　　　1/ 2/41

Adjutant & Quarter-Master

Medical Officer
Myers, Maj. G. N., M.D.,　　2/ 4/41

56455-1(59)

EAST ANGLIA NORTH AREA - contd.

CAMBRIDGE ZONE - contd.

6th CAMBRIDGESHIRE (EAST ANGLIAN P.O.) BATTALION

Lt.-Colonel
Tolley, L. L.   1/ 2/41

Majors
Crisswell, A.   1/ 2/41
Batch, G. B.   1/ 2/41
Hammond, A. M.   1/ 2/41
Hutcheon, A.   1/ 2/41
Wilson, P. J.   1/ 2/41

Captains
Cameron, F. W. R. J.   1/ 2/41
Hawker, W. F.   1/ 2/41
Hickson, C. J.   1/ 2/41
McIntyre, H.   1/ 2/41

Lieutenants
Appleby, J. R.   1/ 2/41
Bell, R. J. B.   1/ 2/41
Bishop, R. C.   1/ 2/41
Brown, A.   1/ 2/41
Carter, P. G.   1/ 2/41
Dawkins, A. R.   1/ 2/41
Duffield, C. W.   1/ 2/41
England, R., M.C.   1/ 2/41
Fall, W. H.   1/ 2/41
Green, R. W.   1/ 2/41
Houchen, G. F.   1/ 2/41
Jeary, C. C.   1/ 2/41

Lieutenants - contd.
Keate, S. G. R.   1/ 2/41
Smith, C.   1/ 2/41
Warner, A. E.   1/ 2/41
Fraser, W. F.   1/ 2/41
Andrews, W. E. T.   1/ 2/41
Thompson, A. J.   1/ 2/41
Duce, J. R.   1/ 2/41
Siddall, E.   1/ 2/41
Stevens, C. A.   1/ 2/41

2nd Lieutenants
Kingston, C. R.   1/ 2/41
Lewis, P. S.   1/ 2/41
Smith, W.   1/ 2/41
Manning, J. R.   1/ 2/41
Turrell, M. H.   1/ 2/41
Woodley, F.   1/ 2/41

Adjutant & Quarter-Master

Medical Officer

EAST ANGLIA NORTH AREA – contd.

CAMBRIDGE ZONE – contd.

7th CAMBRIDGESHIRE BATTALION	8th CAMBRIDGESHIRE BATTALION

7th CAMBRIDGESHIRE BATTALION

Lt.-Colonel

Grace, J., (Lt. late M.G.C.)   1/ 2/41

Majors

Kennedy, A. E. C.   1/ 2/41
Mackenzie, D.   1/ 2/41

Captains

Dew, J. A.   1/ 2/41
Munns, H. A.   1/ 2/41
Weatherhead, G. J.   1/ 2/41

Lieutenants

Charvet, P. E.   1/ 2/41
Francis, G. E. C.   1/ 2/41

2nd Lieutenants

Abel, A. R. L.   1/ 2/41
Flatt, A. E.   1/ 2/41
Moore, W. T. S.   1/ 2/41
Metten, H. D. J.   1/ 2/41

Adjutant & Quarter-Master

Medical Officer

Harper, Lt. W. F., M.D., G.B.   22/ 5/41

EAST ANGLIA NORTH AREA - contd.

HUNTINGDONSHIRE ZONE

Commander	Barkley, Col. M. (Bt.-Col. ret. T.A.)	1/ 2/41
Assistant to Commander	Parkinson, Capt. E. B.	1/ 2/41
Territorial Army Association administering	Huntingdonshire T.A. Association, Clare Street, Northampton.	

1st HUNTINGDONSHIRE BATTALION

Lt.-Colonel

Rowe, C. W. D., M.B.E., T.D., (Lt.-Col. ret. T.A.)	1/ 2/41

Majors.

Cook, W. T.	1/ 2/41
Dallmeyer, J. R.	1/ 2/41
Fitton, R., M.C.	1/ 2/41
Newton, W. H.	1/ 2/41
Rumsey, G. R.	1/ 2/41
Still, C. H.	1/ 2/41
Lowe, E. A.	10/ 5/41

Captains.

Greenwood, C.	1/ 2/41
Neale, A. S., M.C.	1/ 2/41

Lieutenants.

Bourne, F. W.	1/ 2/41
Churchill, J. H.	1/ 2/41
Parsons, T. R.	1/ 2/41
Serjeant, F. R. M.	1/ 2/41
Rogers, S. E.	1/ 2/41
Stoodley, C. W. C.	1/ 2/41

Lieutenants - contd.

Dixon, A. C., M.C.	1/ 2/41
Bloodworth, F. L.	10/ 5/41

2nd Lieutenants.

Blewitt, S.	1/ 2/41
Curtis, W. J.	1/ 2/41
Evans-Evans, R. G.	1/ 2/41
Gardam, V. N. H.	1/ 2/41
Hawken, T. W.	1/ 2/41
Wiggle, G. F.	1/ 2/41
Rowell, F. E.	1/ 2/41
Cooper, A. E.	1/ 2/41
Knowles, J.	1/ 2/41
Stokes, H.	17/ 5/41
Willis, J.	17/ 5/41

Adjutant & Quarter-Master

Medical Officer.

Buchanan, Maj. D. S., M.B.,	15/ 5/41

EAST ANGLIA NORTH AREA - contd.

HUNTINGDONSHIRE ZONE - contd.

2nd HUNTINGDONSHIRE BATTALION

Lt.-Colonel
Wilson, W. E., D.S.O. (Maj. ret. T.A.)   1/ 2/41

Majors
Montgomery, H. W.   1/ 2/41
Edwards, W. O.   1/ 2/41
Gotobed, E. A.   1/ 2/41
Hunnybun, K., D.S.O.   1/ 2/41
Raby, H.   1/ 2/41
Standen, F. A.   1/ 2/41

Captains
Ashpole, G. W., M.M.   1/ 2/41
Burgess, T. H.   1/ 2/41
Canham, E., M.M.   1/ 2/41
Clarke, C.   1/ 2/41
Wedderburn-Ogilvy, W. G.   1/ 2/41

Lieutenants
Davies, J. J.   1/ 2/41
Duller, A. C.   1/ 2/41
Dyson, W. P.   1/ 2/41
Few, E. J.   1/ 2/41
Goodliffe, R. J.   1/ 2/41
Grimwood, G. H.   1/ 2/41
Gripper, J. E.   1/ 2/41
Gunnell, T. H.   1/ 2/41
Jarvis, A. E.   1/ 2/41
Jarvis, N. W.   1/ 2/41
Knights, J. A.   1/ 2/41
Lane, R. C.   1/ 2/41
Lenton, P. L.   1/ 2/41
Mansfield, A. J.   1/ 2/41
Mansfield, G. H.   1/ 2/41
Mulcaster, S.   1/ 2/41
Ruston, E. O.   1/ 2/41
Storey, A. R. H.   1/ 2/41
Turner, P. G.   1/ 2/41
Waller-Stevens, L. J.   1/ 2/41
Yarnold, W. H.   1/ 2/41
Looker, J.   1/ 2/41
Allan, G. F.   1/ 2/41

2nd Lieutenants
Senescall, W. J.   1/ 2/41
Finding, A. L.   16/ 5/41

Adjutant & Quarter-Master

Medical Officer
Doubble, Maj. M. S.   15/ 5/41

3rd HUNTINGDONSHIRE BATTALION

Lt.-Colonel
MacDonell, J. F., M.C. (Maj. late T.A.)   1/ 2/41

Majors
Duberley, E. H. J., M.C.   1/ 2/41
Farley, R. L., O.B.E.   1/ 2/41
McNish, M.   1/ 2/41

Captains
Acland-Troyte, H. W., M.C.   1/ 2/41
Howorth, J. S.   1/ 2/41
Torrens, H. P.   1/ 2/41

Lieutenants
Davison, C. R.   1/ 2/41
Fitz-John, W. E.   1/ 2/41
Flint, S. S.   1/ 2/41
Foulds, J. W.   1/ 2/41
Goddard, H. S.   1/ 2/41
Gray, S. F.   1/ 2/41
Hiscock, J.   1/ 2/41
Hone, T. B.   1/ 2/41
Johnson, G. H.   1/ 2/41
Mailer, J.   1/ 2/41
Measures, L. J.   1/ 2/41
Montgomery, C. W.   1/ 2/41
Pay, A. T.   1/ 2/41
Robinson, A. E.   1/ 2/41
Storey, H.   1/ 2/41
Sutton, B. H.   1/ 2/41
Fields, F. C. R.   1/ 2/41
Powys-Maurice, F. L.   1/ 2/41

2nd Lieutenants
Mailing, L. A.   1/ 2/41
Strong, J. P.   1/ 2/41
Rose, E. C.   19/ 5/41

Adjutant & Quarter-Master

Medical Officer
Veitch, Maj. H. C. C.   19/ 5/41

EAST ANGLIA NORTH AREA - contd.

ISLE OF ELY ZONE

Commander	Cutlack, Col. W. P., T.D. (Col. ret. T.A.)	1/ 2/41
Territorial Army Association administering	Cambridgeshire T.A. Association, Drill Hall, East Road, Cambridge.	

1st ISLE OF ELY BATTALION

Lt.-Colonel
Clayton, M. C., D.S.O., (Col. ret. T.A.)	1/ 2/41

Majors
Jackson, H. N.	1/ 2/41
Jones, E. L., M.C.	1/ 2/41
Munday, G. C., M.C.	1/ 2/41
Sewter, A. M.	1/ 2/41
Smale, A. V.	1/ 2/41
Wright, C. F.	1/ 2/41

Captains
Beale, J. S.	1/ 2/41
Mead, W. H.	1/ 2/41
Morton, W. E.	1/ 2/41
Smedley, W. V.	1/ 2/41
Woodrow, S. A.	1/ 2/41
Smith, F. J.	30/ 4/41

Lieutenants
Argyle, F. R.	1/ 2/41
Beech, A. J.	1/ 2/41
Clark, T.	1/ 2/41
Copsey, L. V.	1/ 2/41
Englefield, F. R. H.	1/ 2/41
Flood, C. H.	1/ 2/41
Patman, E.	1/ 2/41
West, C. A.	1/ 2/41
Whitlington, G. H., M.M.	1/ 2/41

Lieutenants - contd.
Dawbarn, J. R.	1/ 2/41

2nd Lieutenants
Barrett, T. W.	1/ 2/41
Bradshaw, A.	1/ 2/41
Bullmore, A. S.	1/ 2/41
Cole, G. H. S.	1/ 2/41
Cousins, R. W.	1/ 2/41
Goodman, A. E.	1/ 2/41
Howard, H.	1/ 2/41
Hurry, R.	1/ 2/41
Jackson, J. W. E.	1/ 2/41
Lambert, J. P. G.	1/ 2/41
Longmate, R. E.	1/ 2/41
Napier, D. C. T. D.	1/ 2/41
Ward, A. E.	1/ 2/41
Smith, J. R.	1/ 2/41
Smith, W.	1/ 2/41
Snushall, G.	1/ 2/41
McDonald, J.	1/ 2/41

Adjutant & Quarter-Master

Medical Officer.

EAST ANGLIA NORTH AREA – contd.

ISLE OF ELY ZONE – contd.

2nd ISLE OF ELY BATTALION

Lt.-Colonel

Posth, C., (Maj. ret. Ind. Army)	1/ 2/41

Majors

Buck, A. F.	1/ 2/41
Walker, E. W.	1/ 2/41

Captains

Bloy, T.	1/ 2/41
Cross, C. E.	1/ 2/41
Forgan, J. B., M.M.	1/ 2/41

Lieutenants

Ash, H. S.	1/ 2/41
Bridgstock, W. E.	1/ 2/41
Brittain, C. B.	1/ 2/41
Crane, G. A. W.	1/ 2/41
Crane, H. J.	1/ 2/41
Crane, R. C.	1/ 2/41
Dobson, G. W.	1/ 2/41
Everett, N. H.	1/ 2/41
Hale, F. C. S.	1/ 2/41
Harmer, P.	1/ 2/41
Hatch, A.	1/ 2/41
Hosken, R. B. W.	1/ 2/41
Howes, P.	1/ 2/41
Johnson, E.	1/ 2/41
King, J. R.	1/ 2/41
Littlefair, G. H. F.	1/ 2/41
Lloyd, G.	1/ 2/41
Miles, B.	1/ 2/41
Orbell, J. A., D.C.M.	1/ 2/41
Phillips, F. E.	1/ 2/41

Lieutenants – contd.

Richardson, S.	1/ 2/41
Shepperton, A.	1/ 2/41
Stockdale, F. H. G.	1/ 2/41
Tombleson, C.	1/ 2/41
Whittlesea, A.	1/ 2/41
Asher, C. F.	1/ 2/41

2nd Lieutenants

Clarke, F. A.	1/ 2/41
Flunder, C. W.	1/ 2/41
Gimbert, A.	1/ 2/41
Green, F. G.	1/ 2/41
Hinde, F. A. FF.	1/ 2/41
Moore, P. F.	1/ 2/41
Macfie, H. D.	1/ 2/41
Wood, F. A.	1/ 2/41
Smith, T. H.	1/ 2/41
Starkey, F.	1/ 2/41
Swaby, B.	1/ 2/41

Adjutant & Quarter-Master

Medical Officer

EAST ANGLIA NORTH AREA - contd.
POST OFFICE ZONE

Commander	Cave-Browne-Cave, Col. N.F., (Capt. late R.E.)	1/ 2/41
Assistants to Commander	Ross, Maj. J., M.C.	1/ 2/41
	Shepherd, Capt. D. H.	1/ 2/41
	Holmes, Maj. K. S.	17/ 6/41

POST OFFICE GROUPS

Commanders	Spafford, Col. A. O., (Maj. late T.A. Res.)	1/ 2/41
	Semple, Col. L. G. (Lt. late T.A. Res.)	1/ 2/41
Assistants to Commanders	Frost, Capt. J.	1/ 2/41
	Rangecroft, Capt. W.	17/ 6/41

DEATHS

Lieutenants

Bowes, J. A., 2nd Bedfordshire Bn.
Lawson, R., 6th Cambridgeshire (East Anglian P.O.) Bn.

INDEX

A					
Abbey, G. J.	78	Amos, E. S.	80	Avril, S. M.	9
Abbott, A. E.	36	Anderson, G. H.	63	Ayers, H. L.	55
- C. I.	49	- W. H.	27		
- S. V.	78	Anderton, J. F.	48	**B**	
Abel, A. R. L.	91	Andrews, J. G.	80		
Abell, J. R.	33	- R. O.	80	Back, H. W.	70
Ackermann, E. C.	59	- S. J.	42	Baddon, D.	55
Ackrill, A.	33	- W. E. T.	90	Baggalley, E. P. B.	8
Acland, L. H. D.	9	Angus, D.	48	Bagge, Sir J. P.	73
- Sir W. H. D.	9	- T. C.	24	Bailey, A. E.	86
Acland-Trotle, H. W.	95	Anstruther, D. T.	10	- F. H.	88
Adam, Sir R. F.	1	Appleby, J. R.	90	- F. M.	59
Adams, D. R.	9	Applegate, E. W.	65	- K.	2
- N. M.	53	Appleton, F. J.	33	Bain, C. McD.	35
Adcock, E. A.	63	- R. J. W.	8	Bainbridge, P. A.	70
Adderley, H. B. A.	42	Apthorpe, H. G.	43	Baker, A. I.	33
Addington, E. J. W.	8	Arbory, J. W.	37	- C. E. L. P.	33
Addy, D'A.	85	Arbuthnot, R. W. M.	9	- F. G. S.	43
Agnew, J. S.	53	Archer, L.	34	Baldwin, W. C. G.	36
- S. W.	54	- R. A.	22	Ball, E. G.	63
Ainger, L. M.	33	- S.	17	- S. R.	78
Airey, J. W. J.	23	Argyle, F. R.	99	Balls, B. H.	89
Aitken, I. W.	48	Armes, R. J.	55	- D. W.	33
- R. J.	61	Armstrong, B.	33	Bamford, L. H.	81
Akester, W. D.	50	- P.	78	Banbury, C. E.	5
Aldenham, The Lord	6	- S.	50	Bane, H.	73
Aldiss, H. G.	69	Arnold, C. B.	86	Banister, H.	88
Aldridge, A. E.	17	- E. C.	88	Banner, F. R.	61
Alexander, B. G.	54	Arthur, Sir C. G.	10	Bannister, H. J.	48
- H. C.	47	- W. P. J.	86	Bantock, A. E.	70
- R.	9	Artis, W. J.	41	Barber, G. O.	27
Allan, G. F.	95	Ash, H. A.	15	Barbrook, J. O.	26
Allen, E. C.	80	- H. S.	100	Barclay, J. F.	69
- F. C. S.	69	- R. R.	79	- M. E.	6
- H. E.	23	Ashby, A.	35	Barcock, F. G.	54
- H. J.	80	- C. E.	15	Barfield, T. J.	63
- H. W. C.	63	Asher, C. F.	100	- W. A.	65
- J. A. G.	81	Ashford, A. F.	11	Barham, A. W.	15
- R. E.	44	- A. J.	6	- T. W.	17
- R. S. C.	24	- J. B.	58	Barkeley-Smith, R.	41
- W. K. G.	78	Ashley-Dodd, G. L.	61	Barker, A. E.	15
Allinson, C. P.	86	Ashmole, W. G.	79	- C. C.	11
Allsopp, S. R.	26	Ashmore, E. J. C.	15	- H. F.	22
Allwright, W.	9	Ashpole, G. W.	95	- J. A.	42
Almey, L. W.	59	Ashthorpe, A.	88	- J. F.	63
Alston, D.	54	Ashton, C. F.	8	Barkley, M.	94
- D. I.	43	- H.	24	Barlow, E.	10
- J. D.	70	- S. T.	69	Barnard, F. L.	26
- R. W.	59	Asplin, H. G.	24	- R. T.	50
Altham, T. F.	17	Atkins, W. H.	32	- S. S.	27
		Atkinson, R. J.	78	- T. C.	33
		Avory, W.	80		

56455-1(68)

Name	Page	Name	Page	Name	Page
Barnes, G. W.	22	Bell, R. J. B.	90	Blower, B. W.	41
-- W. G.	42	-- W. L.	70	Bloy, T.	100
-- W. T.	8	Bellamy, J. W.	63	Blyth, F. E.	26
Barnham, G. W.	61	Bennett, A.	79	Blythe, A.	31
Barnwell, R. C.	25	-- A. N. C. B.	81	Boardman, J. W.	36
Barom, E. W.	7	-- K. J.	81	Bond, F. A.	2
Barran, C. A.	59	-- T.	38	-- P. A.	65
Barrell, H.	23	Bent, S. A.	17	Bonney, W. G.	54
Barrett, A. E.	74	Bentall, A.	22	Booth, C. C.	31
-- A. M.	80	-- P.	22	-- W. N.	25
-- R. G.	15	Bere, T. E.	24	Borley, E. A.	53
-- T. W.	99	Bernard, R. P. St. V.	10	Borrow, E.	43
Barritt, V. S.	23	Berryman, M. L.	6	Bosanquet, N. C. S.	27
Barrows, G. E.	55	Berwick, E. B. H.	88	Boston, G. W.	69
Barry, C. A.	79	Betts, G. H.	23	Boswell, B.	58
Bartholomew, J.	61	-- H.	24	Bourne, F. W.	94
Bartle, F. J.	79	Bevan, W. H.	36	Bovill, E. W.	25
Barton, J.	17	Bewes, A. G.	22	Bowen, B. J.	25
Bascombe, H. A.	23	Bicker, A. W.	22	-- G. S.	15
Baskett, T. F.	34	Bignold, Sir C. R.	58	-- H. R.	24
Bass, A.	48	Bilham, D. G. R.	78	-- J. A. B. P.	31
-- S. B.	65	Billman, B. C.	38	Bower, G. N.	43
Bassett, D. D.	10	Bingham, W. J. J.	23	-- H. R.	9
-- G. H.	35	Binks, H. D'A.	55	-- W. E. C.	81
Batch, G. B.	90	Binnion, H. R.	61	Bowers, C. H.	86
Bateman-Jones, E. H.	10	Birbeck, O.	74	Bowes-Lyon, Hon.	
Bates, S. H. J.	42	Birch, W.	36	M. C. H.	79
-- W. E.	63	Bird, A. K.	85	Bowie, J.	8
Bath, S.	88	-- B.	22	Bowyer, W. B.	34
Batkin, W. B.	15	-- B. C.	69	Boyce, B.	59
Battcock, G. A.	78	-- G.	70	Boyd-Rochfort, C. C.	53
Battlebury, S.	44	-- G. H.	55	Boys, C. J. T.	23
Baum, J.	10	-- H. M.	53	Bracewell, C. H.	43
Bavester, F. C.	85	-- L. G.	33	Bradbeer, A. J.	9
Bayley, A. M.	50	-- M. B.	26	Bradbrook, A. H.	55
Bayliss, A. J.	63	Bishop, A. G.	73	Brading, E. J.	10
Beach, A. J.	33	-- R. C.	90	Bradley, H. A.	61
-- W. J.	9	-- R. F.	63	Bradshaw, A.	99
Beal, W. P. B.	80	Black, D. N.	15	Bragg, S. E.	50
Beale, J. S.	99	-- F. K.	54	Brand, G. H.	34
Bear, H. C.	22	Blackett-Ord, W. E.	8	Branson, W. P. S.	54
Beard, P. T.	6	Blackwell, C. E.	21	Brant, A. G.	6
Beavan, J. H.	17	Blair, T. H. H.	86	Bray, E. W.	65
Beck, A.	69	Blake, A. M.	70	Braysher, E. C.	85
Beech, A. J.	99	-- H. R.	24	Brereton, A.	74
Beeton, J. W. C.	65	-- J. W.	48	Bressey, Sir, C. H.	23
Beevor, M.	9	-- W. A.	59	Brett, J. H.	81
Belding, R. S.	32	Blanchard, F. O.	7	Bridewell, W. A.	15
Belfield, E. G.	8	Bland, J. C.	26	Bridge, J.	32
Bell, A.	70	Blewitt, S.	94	Bridgeman, Visct.	2
-- F. de W.	55	Blink, S. T.	61	Bridgstock, W. E.	100
-- F. R.	59	Blofeld, T. R. C.	59	Briggs, W. H.	15
-- J. Anthony D.	47	Bloodworth, F. L.	94	Bright, B. H.	31
-- J. Austin D.	47	Bloor, E. U.	49	-- F. G.	34

56/:55-1(69)

Brightman, F. G.	81	Bullman, F. J.	86	Canham, E.	95
- W.	79	Bullmore, A. S.	99	Cannon, C. H.	7
Brighton, H. E.	53	Bunbury, Sir C. H. N.	47	- C. R. M.	86
- J. L.	69	- H. W.	53	Capstick, G. H.	7
Briscoe, Sir J. C.	53	Bunker, F. G.	80	Card, G. V.	74
- P. C.	59	- S. G.	79	Carden, C. H.	23
Brittain, C. B.	100	Bunning, A. R.	61	Carlyon, T.	74
- R. H.	48	Burbury, F. H.	61	Carr, J. G. A.	73
Britton, F. G.	26	Burch, S. H.	50	Carter, F. G.	17
Broadhead, J. K. W.	61	Burchell, L. D.	26	- J. S.	59
Brock, A. St. H.	11	Burgess, A.	81	- P. G.	90
Brodie, J. Y.	22	- H.	23	- R. F. A.	53
Bromfield, W. T.	49	- T. H.	95	- W. A.	63
Brooke, F. B.	85	Burkitt, M. C.	88	Cartwright, F. L.	34
- J. W. M.	41	Burrill, W. E.	55	Case, W. B.	59
- W.	42	Burrows, H. H.	21	Casey, W.	42
Brookes, F. T.	17	Burton, A. F.	69	Catchpole, S. G.	50
Brooks, R. N.	41	- A. J.	23	- W. M.	53
Brown, Alexander	86	- B. J.	80	Catling, W. E.	44
- Arthur	90	- H. W.	21	Caton, R. B.	43
- C. C.	74	- R. T.	2	Cattell, H. G.	8
- D. H.	63	Burtsal, H. N.	27	Catton, E. G.	7
- D. S.	33	Busby, G. F. M. R.	22	Cautley, H. L.	42
- E. C.	42	- J.	79	Cave-Brown-Cave, N. F.	103
- F. A.	65	Bush, F.	50	Cawkell, E.	27
- F. G.	85	Buss, A. H.	6	Chalker, J.	50
- J. R.	55	Bussey, A.	69	Chalkley, H.	81
- N. A. S.	10	- G. R. J.	63	Chalmers-Hunt, N. G.	8
- N. G.	50	Butchard, P.	33	Champion, C. C.	8
- P. L.	32	Butcher, P. I.	50	Champion-Marshall, C. L.	43
- R. L. MacG.	9	Butt, W. J.	81	Chandler, H. G.	91
- W. A.	48	Butterfield, F. E.	81	Chandor, H. H.	41
- W. B.	50	Butterley, H.	6	Chapman, A. F.	89
Browne, C. P.	50	Button, A. E.	43	- C. J.	89
- D. B.	80	Buxton, I.	6	- E. C.	69
- F. W.	70	- R. G.	61	- E. C. G.	42
- R. H.	74	Byford, C.	23	- H. E.	79
- T. R.	53			- S. W.	32
Bruce-Gardyne, E.	48			- W. A.	79
Brummage, J. H.	59	**C**		Chappell, S. T.	11
Bryan, J. M.	85			Charles, E. E.	9
- N. T.	11	Cadbury-Brown, H. W.	44	- F. J. C.	43
Buchanan, D. S.	94	Cadge, C. R.	58	Charlton, C. E. C. B.	21
- H.	73	Cadman, S.	80	Charnock, J. P.	54
Buck, A. F.	100	- W. H.	15	Charrington, S. H.	48
Buckley, H. M.	48	Cain, H. R.	81	Charvet, P. E.	91
- R. W.	74	Calderbank, C. E.	32	Chase, M. S.	53
Budgen, H. K.	42	Calvert, R. D.	43	Chawner, J. R.	32
Bull, A. C. H.	9	Cameron, F. W. R. J.	90	Chenery, G. R. J.	7
- F. W.	38	- M. A.	7	Chew, H. H.	32
Bulleid, W. A.	8	Campbell, J. J.	15	Chilvers, C. W.	73
Bullen, F.	74	- J. S.	15	Chinery, F. R.	65
- P. V.	88	- W. A.	65	Chirnside, W. S.	79
Buller, J. F.	61	Campion, D. J. M.	5	Chittleburgh, C. F.	61

Name	Page	Name	Page	Name	Page
Chivers, J. S.	85	Coleman, J. A.	61	Cory-Wright, A.	25
- S. O.	85	Collick, W.	86	- D.	10
Christmas, F. J.	89	Collier, J.	86	Costin, M.	24
Church, G. S.	8	Collin, G. P.	86	Cotton, C. K.	17
Churchill, J. H.	94	Collingwood, C. R.	26	- G. V.	53
Chute, L. V.	43	Collins, E. S.	36	- H. F.	33
Claridge, D. P.	70	- F. C.	50	- T. K.	50
- G. S.	9	- R. F.	44	Coulson, A. V.	8
- P. R. P.	89	Collitt, K. W.	36	Coulthard, J.	23
Clark, C.	73	- S. S.	36	Coulthurst, P.	34
- G. G. J.	7	Colliver, H. W.	15	Cousins, B. G.	22
- H.	73	Commer, G. H.	23	- C. H.	37
- L. J.	8	Connolly, R. C. H.	15	- E. G.	35
- R.	37	Connop, H. E.	43	- H. O.	35
- T.	99	Connor, R. W. L.	48	- R. W.	99
Clarke, B. H. B.	47	Connors, H.	65	Couzens, E. G.	48
- C.	95	Conoley, J. C.	24	Cowell, G. C. H.	86
- E. A.	88	Cook, A. J. O.	27	Cowlin, J. F.	48
- E. P.	43	- L. G.	32	Cox, A. A. G.	27
- F. A.	100	- S. R.	50	- P.	81
- F. A. G.	89	- T. R.	49	Cozens-Hardy, The Lord	59
- G. R. F.	70	- T. W.	36	Crabtree, R. M.	37
- H. E. E.	81	- W. T.	94	Craig, J. L. W.	47
- J. C.	15	Cooke, A. E.	44	Crane, F. R.	99
- O. C.	88	- A. T.	58	- G. A. W.	100
- R. J.	44	- H. H.	81	- H. J.	100
- T. T.	48	- W. H.	54	- R. C.	100
- W. N.	69	Coombs, W. H.	53	Crauford, R. Q.	11
Clarkson, S. G.	74	Cooper, A. E.	94	Crean, J. A.	74
Clayton, F.	73	- A. J.	63	Credland, H. W.	26
- M. C.	99	- A. Q.	24	Cresswell, W. C.	38
Cleale, A. G.	33	- C. E.	48	Cripps, G. N.	49
Clegg, T. H.	63	- C. J.	3	Crisp, A. R.	54
Clements, A. W.	22	- E. H.	36	Crisswell, A.	90
Clouting, S. F.	8	- G. B. A.	53	Critoph, A. W.	42
Clover, J. M.	55	- M. J. S.	33	Crittall, J. F.	26
Clowes, C. P.	65	- T. W.	33	Crockatt, T. A.	55
Clymo, E. H.	17	- W. G.	36	- T.	80
Cobb, A. G.	50	Cope, P. S.	88	Croft, The Lord	1
- F. S.	22	Copeland, A. A.	53	Crofton-Sleigh, C.	63
- P. C.	15	Copeman, W. H.	42	Croghan, N. C.	63
Cobbald, A. H.	55	Coppen, H.	86	Crook, W. G. S.	11
- G. F.	36	Copsey, L. V.	99	Cropp, H.	63
Cockle, G. L.	88	Corbould-Warren, W.	70	Crosbie, P. L.	48
Cocksedge, A. G.	15	Cordes, J. L. B. H.	10	Crosby, W. A. P.	27
Coe, E. H.	63	Cork, H. G.	42	Cross, C. E.	100
- I. A.	54	- N. B.	15	- H. P.	35
Cole, A.	37	Corker, T. D.	80	Croucher, A.	81
- E. G.	88	Cornah, S. G.	26	Crowe, G. R.	89
- G. H. S.	99	Cornell, A. F.	38	- R. M.	78
- H. J. C.	33	Corner, S. G.	22	Cruxford, F.	80
- S. J.	69	Cornish, V. J.	43	Crozier, H.	65
Coleman, G. E.	6	Corp, M. E.	6	Crump, L. H. M.	17
- G. P.	88	Corry, C. L.	69	Cryer, V. N.	11

56455-1(71)

Cubitt, F. J.	63	Davies, W. E.	11	Dixon, Alfred, C.	94
- R. G.	58	- W. G. L.	15	- Arthur, C.	11
Cuckney, S. T. J.	78	Davis, A. P.	9	- A. C. W.	6
Culham, A. F.	74	- C. W.	43	- B.	81
- A. S.	22	Davison, C. R.	95	Dixson, W. J.	78
Culver, J. G.	23	- L. V.	79	Dobbie, C. H.	31
Cunard, V.	78	- W. R.	37	Doble, H. L.	10
Cunningham, J. C.	81	Dawbarn, J. R.	99	Dobson, B.	50
Curtis, H. M. C.	26	Dawkins, A. R.	90	- G. W.	100
- W. J.	94	Dawson, C. T.	50	Dodds, E.	69
Curwen, H. T.	11	- E. P.	86	- R. L.	15
Cutbush, W. G.	63	- H. H.	48	Dogson, W. R. B.	31
Cuthbert, E. P.	7	Day, D. A. L.	35	Donald, S. S.	27
Cutlack, W. P.	99	- F. T.	86	Doran, F. H.	25
Cutting, K. P.	44	- H. D.	55	Doubble, M. S.	95
- W. G.	38	- Randal	86	Doubleday, B. N.	73
		- Reginald	53	- L.	73
		- W. G.	86	Douglas-Brown, W.	31
		Deacon, H. A.	78	Dove, C. K.	88
D		Dean, F. C.	50	- R. S.	8
Dace, S. A.	34	- J. D.	35	Dovey, F. J. H.	24
Dade, H. F.	89	Dearberg, S. G.	23	Downton, M. M.	69
Dale, G. F.	89	Deaves, A. W.	54	Dowsett, H. L.	21
Dallmeyer, J. R.	94	Deavin, M. B.	34	Drage, A. L.	88
Dalme-Radcliffe, R.	7	Debney, R. M.	43	Drake, E. W.	61
Dalton, G. W.	73	Deedes, Sir C. P.	5	- L. J.	24
Daly, C. H. L.	36	Deeks, K. G.	55	Drane, J.	70
Damant, F. C.	50	de Manbey, A. H. O.	34	Draper, C. R. B.	43
Dangerfield, A. S.	32	Dene, A. P.	44	Dring, A.	74
Daniell, W. A. B.	41	Dennington, A. A.	73	Druce, W. H.	85
Daniels, J. E.	22	Dennis, A.	55	Drummond, K. P.	15
- L. M.	63	- R.	73	Duberley, E. H. J.	95
Dann, J. V.	38	Denny, E. W.	70	Duce, J. R.	90
Darby, A. F.	7	- P. W.	49	Duffield, C. W.	90
- A. R. M.	42	- T. H.	44	- W. C.	59
- B. J.	61	Dent, G.	25	Duffus, C. S.	24
- H. J.	80	de Putron, H.	78	Dugdale, T. C.	47
Dare, N. F.	49	de Soissons, A. P. de S-C.		Duggans, H. E.	88
Darling, T.	7		11	Duller, A. C.	95
Davenport, A. H.	88	- L. E. J. G. de S-C.		Duncan, G. M.	59
- E. J. C.	50		9	- H. G.	17
Davey, E. H.	33	Deterding, R. F.	59	Dunham, J. W.	80
- J.	65	Detmold, W. E. J.	7	Duniham-Jones, C.	9
- J. S.	42	Dew, J. A.	91	Dunkin, C. E.	88
- R. H. R.	37	Dewing, G. E.	65	Dunkley, A. H.	10
- T. P.	70	de Zoete, H. W.	7	Dunlop, W.	63
Davies, A.	33	Dickens, L. C.	38	Dunne, J. S.	9
- C. M.	25	Dickie, D. R.	33	Dunning, R. J.	70
- D.	15	Dicks, H.	9	Durler, H. R.	81
- F. G.	78	Dight, F. H.	80	Durno, L. G.	55
- J. J.	95	Dill, Sir J. G.	1	Durrant, A. E. V.	65
- L. S.	53	Disdale, T. W.	69	- A. W.	23
- R. D.	89	Diss, A. J.	35	- B. H.	63
- V. P.	11	Diver, W. A.	85	Duthie, C. K.	

vi

Name	Page	Name	Page	Name	Page
Dwyer-Joyce, R.	85	Etheridge, L. F.	7	Fison, R.	27
Dyer, R. H.	24	Evans, W.	80	Fitton, R.	94
Dyson, W. P.	95	Evans-Evans, R. G.	94	Fitz-John, W. E.	95
Dyson-Hughes, T. P.	33	Eve, J. G.	33	Flack, E. M.	86
		Evenett, P. M.	23	Flatman, R. C. G.	43
		Everard, L. E. C.	47	Flatt, A. E.	91
E		Everett, N. Hastings	100	– W. W.	42
		– N. Herbert	53	Flawn, N. G.	7
Eades, R. O.	50	Everington, W. D.	69	Flaxman, G. A.	65
Eastaugh, H. G.	23	Evitt, H. L.	34	Fleetwood-May, C.	9
Easter, J. H.	73	Eyres, F. L.	35	Flegg, C. W. C.	50
Easton, S. W.	37			Fleming, H. M.	53
Easy, T.	73			– J. F.	43
– W. J.	85	F		– R. H.	36
Eaton, R. J.	8			Fletcher, A. E.	85
Eclair-Heath, S.	21	Fagan, D. P.	70	– E. A.	38
Edmunds, C. L.	63	Fagg, W. G.	7	– L.	70
– H. P.	25	Fair, C. H.	8	Flint, G. G.	15
Edwards, A.	42	Fairbairn, W. R.	9	– G.	8
– H.	36	Fairs, A. H.	58	– S. S.	95
– H. M.	15	Falcon, M.	61	Flood, C. H.	99
– I. C.	58	Falkner, K. J.	86	Flower, C. H.	69
– J. T.	36	Fall, W. H.	90	Flunder, C. W.	100
– L. J.	3	Fane, F. L.	24	Flynn, A. J.	80
– W. O.	95	Farey, E. V.	81	Fogarty, T. F.	78
Egerton, Hon. G. A.	44	Farley, R. L.	95	Foljambe, R. F. T.	35
– J. S.	54	Farnell-Watson, H. R.	7	Folkard, F. T.	34
Eldridge, A.	78	Farquhar, A.	11	Ford, C. G.	22
Eley, F.	54	Farrant, S.	69	– F. J.	86
Ellen, C. W.	9	– V. T.	15	Fordham, W. H.	7
Elliot, A. C.	8	Farrar, E. N.	35	Forgan, J. B.	100
Elliott, G. R.	80	Farrington, T. H.	43	Formby, M. R.	69
Elliot-Smith, S. G.	78	Farrow, G. A.	69	Forse, A.	80
Ellis, A. T.	88	Faulconer, R. C.	17	Forrest, R.	78
– C. A.	73	Faulds, R.	34	– R. A.	35
– H. G. V.	35	Faulke, W. G.	21	Forwood, G. E.	79
– J.	23	Faulkner, F. D. Y.	10	Foss, C. C.	80
– J. H.	61	– H. S.	17	Foster, H.	69
– J. W. P.	88	Fenwick, D.	48	– L. F.	10
– P. S.	61	Ferrar, M. L.	26	– O. B.	88
Ellson, K. R.	3	Few, E. J.	95	– W.	69
Elphick, E. R.	79	Field, G. B.	33	Foulds, J. W.	95
Elsey, H.	42	– T. H.	48	Foulsham, H. S.	69
Elworthy, E. G. D.	88	Fielder, C. H.	81	Fountaine, C. A.	74
Emsley, P. D. S.	22	Fields, F. C. R.	95	Fourdrinier, Rev. N. D.	74
Emson, F. J.	86	Filby, W. F.	44	Fowler, C. R.	44
England, R.	90	Filmer, A. E.	35	– G. E.	80
– T. D.	78	Finch, F. J.	33	– T. G.	61
Engledow, F. L.	85	Finding, A. L.	95	Fox, A. A.	50
Englefield, F. R. H.	99	Finnimore, E. J.	7	– C. W.	26
English, B. G.	50	Firman, S. B.	38	– W. G.	65
– I. M. D.	73	Firth, L. L.	55	– W. K.	23
Ennion, S. T. E. P.	63	Fisher, A.	86	Frame, G. S.	34
Ensum, D. G. C.	8	– R. E.	81	Frammingham, W. W.	74
Erskine, The Lord	5	Fison, A. M.	86	Francis, G.	49

56455-1(73)

Name	Page	Name	Page	Name	Page
Francis, G. E. C.	91	Garnier, C. N.	70	Gooding, W. A.	44
– J. C. W.	86	Garrard, W. N.	53	Goodliff, R. J.	95
– M. V. H.	25	Garrod, A. W.	65	Goodman, A.	8
Franklin, H. C.	86	– R. G.	22	– A. E.	99
– W. E.	81	Gascoine, A. C.	17	Goodwin, G. W.	35
Fraser, G.	26	Gaskell, J. U.	53	– H. J.	78
– M. R.	88	Gates, A. A.	33	Goodyear, S.	9
– W. F.	90	Gaught, E. E.	79	Goose, S. R.	15
Freeborn, J.	8	Gawthorpe, J. B.	58	Goram, C.	43
Freeman, C. J.	78	Gaymer, R. C.	24	Goring, L. W.	81
Freeman-Taylor, R. L.	74	Gaze, A. W.	38	– P. G.	10
French, J. F.	43	Geddes, T. G.	69	Gostling, L. M.	7
Frere, H. B. J.	58	Gee, J. R. G.	88	Gothard, J.	85
Frew, D. B.	17	Gent, F. H.	78	Gotobed, E. A.	95
Frewer, J.	53	Gentle, W. G.	53	Gough, G.	9
Friswell, P. R.	70	Gentry, A. V.	27	Gould, C. H.	25
Frost, A. E.	55	Gepp, H. H.	21	– R. P.	58
– C. B.	61	Gerard, The Lord	6	Goulding, W.	22
– G. E. A.	27	Gibbons, T.	27	Gower, S. G.	65
– H. G.	53	Gibbs, J. S.	69	Gowing, E. B.	70
– J.	103	Gibson, G. C.	27	– J. T.	61
– N.	78	Gifford, F.	9	Gozzett, F. C.	33
Frusher, E.	73	Gilbert, L.	79	– H. J.	33
Fryer, P. W. J.	70	– W.	50	Grace, J.	91
Fulcher, L. T.	54	Gilbey, F. N.	25	Graham, F.	23
Fulford, W. E.	50	– G. D.	23	Graham-Watson, A. F.	27
Fuller, S. H.	49	Gildersleeves, W. D.	48	Grant, D.	73
Furness, J.	48	Giles, A. R.	74	– G. P.	47
Fusedale, S. K.	15	– C. C. T.	53	– J. C.	6
Fyfe, D. T.	88	Gillett, S. H.	36	Grantham-Hill, C.	42
		Gilling, G.	36	Granville, C.	59
		Gillingwater, A. W.	55	Graves, H. T.	85
G		Gimbert, A.	100	– W. E.	17
		Gingell, B.	25	Gravestock, H. M.	22
Gadsby, F. L.	23	Ginn, F. G.	7	Gray, A. L.	89
Gadsdon, G. H.	6	Girling, F. A.	36	– D. M.	32
Gall, G.	48	Giuseppi, P. L.	48	– G. C.	86
Galley, L.	88	Gladding, C.	22	– J. N.	11
Gamble, R. P.	50	Gladwyn, J.	54	– O. J.	49
Gammell, J. R.	9	Glenister, R. A.	81	– S. F.	95
Gammon, B.	86	Glover, E. A.	37	Greef, J.	73
Gane, R.	85	– F. P.	42	Green, A. G.	37
Gape, E. J.	10	Goddard, F. G.	81	– E. J.	35
Gardam, G. C.	24	– H. C.	36	– F.	73
– V. N. H.	94	– H. S.	95	– F. G.	100
Gardener, R.	33	Godfrey, A. F.	81	– G.	70
Gardiner, B. W. R.	22	– E. W.	73	– H. T.	17
– G. W. F.	22	Goff, G. H.	69	– J. C.	44
Gardner, A. Y.	15	Gold, G. G.	26	– L. C.	43
Garland, F. N.	70	Golder, W. R. J.	61	– R. W.	90
– H. J.	26	Golding, L. O.	24	– S. C.	50
Garlick, H. J. H.	69	Goodall, M.	74	– S. H.	32
Garner, C. J.	78	Goodchild, H.	86	– W.	74
Garnham, E. R.	36	Gooderham, F.	49	Greenane, F. J.	79

Greene, A. H.	23	Hale, F. C. S.	100	Harvey, F.	6
– J. H.	80	Hall, D. C.	86	– J. C.	61
Greenhill, J. H. G.	17	– G. L.	3	– R.	85
Greenshields, A. G. D.	59	– H. S.	69	– S. J.	24
Greenwood, C.	94	Halton, S. R.	15	– W. H.	26
– G. C.	38	Hambro, H. E.	54	Harvey-Cant, F. S.	34
– H.	69	Hamilton, Sir G. C.	44	Harwood, A.	10
– L.	69	– R. N.	37	– A. H. F.	48
– R. N.	9	Hammond, A. M.	90	– H.	9
Gregory, R.	81	– B.	65	Haskell, J. A.	49
– W.	17	Hamond, P.	59	Haslam, R. H.	11
– W. R. F.	35	Hancock, F. H.	73	Hasledine, J. F.	9
Gregson, W. H.	17	– J. E.	74	Hasler, D. C.	27
Greig, H. L.	15	– R. D.	74	Hastings, The Lord	59
Gribble, L. J. G.	7	Handley, E. S.	7	– C. E. P.	58
Grice, J. A.	42	Hansen, C. V.	24	Hatch, A.	100
Griffin, J. W.	23	Happell, D.	9	Haward, F. R. B.	65
Griffith, Sir R. E. H.	53	Hard, A. A.	38	Hawes, A. J.	73
Grigg, Sir E. W. H.	1	Harden, R. A.	65	Hawke, R. W.	61
– Sir, J.	1	Hardy, C. S.	55	Hawken, T. W.	94
Grimes, F. M.	48	– T. W.	22	Hawker, R. B.	49
Grimshaw, C. N. W.	26	– W.	26	– W. F.	90
– W. A. H.	53	Hargrave, C. H.	17	Hawkes, A.	8
Grimwood, G. H.	95	Harkness, W. E.	7	– J. L.	26
Gripper, J. E.	95	Harlow, A. J.	80	– W. J.	79
Ground, T. L.	74	Harman, F. de W.	65	Hay, A. I.	21
Grover, C. W.	11	Harmer, F. G.	81	– C. D. E.	11
– W.	32	– P.	100	Hayman, L. P.	63
Groves, J. R.	17	Harnaman, J.	81	Hays, R. S.	86
Gruchy, R. S.	15	Harper, C. S.	26	Hazlewood, E. J.	54
Grylls, T. H.	37	– G. W.	48	Heading, H.	53
Gunnell, T. H.	95	– W. F.	91	Heald, H.	22
Gunson, J.	23	Harradine, P. E.	79	Hedley, J.	70
Gunton, F.	59	Harris, A. C.	17	Hellicar, C. C.	61
Gurney, A. R.	59	– G.	5	Hely-Hutchinson, J. W.	86
– C. R.	59	– J. H.	61	Hempleman, F. C.	48
– D. W. T.	74	– W.	7	Hempson, L. A.	48
– Q. E.	65	– W. C. W.	8	Henderson, J. W.	54
– S. E.	58	– W. J.	23	– M. S.	11
Gutteridge, V. C.	73	Harrison, D.	11	– P. C.	24
Guy, T. P.	50	– H. F.	70	– T. C.	32
		– J. C.	61	Hensman, M.	53
		– J. E.	10	Hepburn, J. S.	61
H		– J. F.	7	– W.	22
		– V. A.	53	Hepworth, H. G.	42
Habgood, J. C.	61	Harrod, E. J.	54	Herbert, J. B.	31
Haddock, H. W.	33	Harrold, S. H.	70	Herbert-Smith, G. M.	58
Haes, A. E. M.	42	Hart, C. T.	33	Hermiston, R. N.	43
Hagen, J. A.	65	– R. G.	70	Herries, L. W.	5
Haggar, J.	22	Hartcup, G. H. W.	11	Herring, F. W. M.	33
Haggas, H. J.	74	Harter, J. F. A.	54	Hervey, E. S.	47
Hailey, C. C.	79	Hartley, E. W.	31	Hewett, M.	7
– E. N.	6	– J. E. T.	73	Hewitt, G.	78
Hailstone, G. R.	80	Harvey, C. J.	33	– J. W. L.	23
Hale, E. T.	11	– C. K.	42	Hewlett, S. F.	61

56455-1(75)

ix

Name	Page	Name	Page	Name	Page
Hewson, C. J.	9	Hopley, J.	42	Hussey, A. V.	38
Heyhoe, S. R.	73	Hopper, G.	55	- G. S.	3
Heywood, H. C. L.	89	Horlock, M. F.	36	Hutcheon, A.	90
- R. P.	74	Horn, J. V.	24	Hutchinson, G. W.	7
Hickson, C. J.	90	Horne, A. J.	88	Hutton, F. O.	34
Higgins, J.	86	Horner, J. L.	33	- F. R.	25
- J. A.	15	Hornor, B. F.	63	Hyde, R. W.	81
- M. O.	89	Hosken, R. B. W.	100		
Higgs, W. S.	80	Hosking, C. A.	15		
Higman, J.	36	Houchen, C. F.	90	I	
Hill, A. H.	78	How, W. G.	22		
- C.	10	Howard, A. G.	8	Ide, W. L.	36
- E. R.	44	- E.	85	Impey, L. A.	2
- O. W.	22	- E. J.	80	- W. H.	89
- R. B.	43	- H.	99	Ingles, A. E.	42
Hillier, G. C. F.	61	- H. W.	81	Ingleton, H. W.	24
Hills, T. W. S.	17	- J. A.	50	Inglis, J. G.	85
- W. O.	81	- Hon. J. K. E.	74	Ingram, P. O.	42
Hilton, J. L	33	Howchin-Gray, S.	35	Ingamells, F. G.	63
Hinchley, P. E.	70	Howe, S. W.	8	Inman, A.	7
Hinde, F. A. F.	100	Howell, R. A.	31	Inskip, W. W.	80
Hirst, F. H.	8	Howes, H. C.	50	Inwards, S. M.	17
Hiscock, J.	95	- P.	100	Isitt, S. G.	79
Hobach, F.	26	Howlett, A. D.	70	Ives, H. J.	69
Hobart, R. G.	86	- F.	42		
Hobbs, H. R.	10	- G. C.	70		
- S. T.	34	Howorth, J. S.	95	J	
Hockliffe, M. F. R.	78	Hubbard, G. O.	80		
Hodge, D.	24	- I. S.	69	Jack, G. G.	15
- V. C.	42	Huckle, A. E.	50	Jacklin, J. V.	7
Hodgson, C. E.	2	Huddart, A. G. S.	42	Jackson, H. N.	99
- W. B.	78	Hudson, G. A.	54	- J. W. E.	99
- W. J.	33	- J. W.	73	- L. A.	43
Hodson, D. O'N.	15	Huggins, A. E.	23	- O. W.	33
Holberton, W. C. S.	33	Hughes, F.	37	- Sir T. D.	41
Holcroft, E. S.	22	- W. J. A.	38	- T. H.	31
Holden, A.	86	Hughes-Hallett, J. V.	6	Jakeman, P. W.	88
Holderness, J. H.	37	Hulme-Welch, G.	44	James, A. D.	10
Holding, W. J.	81	Humby, A. J. D.	50	- D. W.	50
Holland, C. A.	73	Humphrey, W.	74	- F. C.	34
- R. D.	6	Humphreys, B. L.	33	- J. H.	9
Hollman, P.	86	Humphrys, H. E.	53	- L. W.	78
Holm, W. P. W.	74	Hunnybun, K.	95	Jameson, G. B.	7
Holman, H. C.	80	- W.	6	- W. K. E.	33
Holmes, G. N.	70	Hunt, F. E.	70	Jarman, T. G.	88
- J. B.	58	- J. W.	34	Jarvis, A. D. C.	50
- K. S.	103	- P. A.	27	- A. E.	95
- W. H. M.	8	Hunter, E. G.	44	- A. W.	38
Holton, A. E.	8	- H. M.	69	- J. F.	55
Hone, T. B.	95	- H. J.	69	- J. L.	86
Hood, W. C.	55	Hunting, H. H.	32	- N. W.	95
Hooks, E. O.	36	Hurrell, W. H.	63	- P.	80
Hooper, T. R.	50	Hurrell, A.	54	- W. R.	86
- W. H.	22	Hurry, R.	99	Jasper, F. S.	89

56455-1(76)

Name	Page	Name	Page	Name	Page
Jeary, C. C.	90	Jordan, A. J.	24	King, H. N.	27
Jeeves, J.	79	Joyce, W. P.	22	- J. D.	78
Jefferies, C.	78	Joyner, C. H.	73	- J. R.	100
Jenkins, E.	79	Judd, A. H.	73	- R. R.	38
- H. H.	17	- H. E.	32	Kingston, C. R.	90
- O. W.	22	Judge, A. M.	17	- P. D.	6
Jenner, L. W.	9	- H. L.	17	Kirby, R.	80
Jennings, A.	88	Jupp, L. G.	80	Kirkham, W.	48
- G. W.	31			Kirkpatrick, C.	35
- W.	59			Kitchener, G. H.	61
Jermyn, P. R.	32	K		- H. T.	88
Jerrams, N.	11			Kitching, R. P.	44
Jessop, T. A.	11	Kay, J. S. G.	70	Knight, E. V.	53
Jevons, J. H. W.	63	- S.	74	- F. J.	74
Jewell, S. H.	53	Kean, C. P.	22	- J. R.	26
Jewson, P. W.	61	Keary, E. H.	38	Knights, J. A.	95
Jiggens, J. C. H.	36	Keate, S. G. R.	90	Knowles, J.	94
Jiggins, S. C.	35	Keel, A. W. J.	70	Kullman, R. Max W.	33
Joel, J. H.	10	Keen, B. A.	10	Kynoch, A. R.	24
Johns, F. T.	78	- H. D.	33		
Johnson, Albert	21	- H. J.	36		
- Alfred	54	Keene, R. W. B.	10	L	
- A. E.	24	Keer, K. J. T.	47		
- A. R.	74	Keith, E. C.	69	Lacey, G. C.	86
- C. B.	63	Kellett, J. H. F.	38	Laing, J. A.	74
- E.	100	Kelly, N. E.	11	Lake, E. A. W.	34
- G.	55	Kelsall, J.	48	- W. J. C.	89
- G. H.	95	Kemmis, L. W.	6	Lamb, E. B.	27
- H. B.	35	Kemp, G. J.	35	- S.	80
- J.	17	- J. W.	70	Lambert, F.	36
- L. L.	80	Kemsley, W. R.	6	- J.	78
- P. H. H.	74	Kennedy, A. E. C.	91	- J. E. A.	74
Johnston, A. B.	48	Kenrick, L. G.	81	- J. P. G.	99
Johnstone, A. C.	42	Kent, D. W.	80	Lance, H. W	74
- H. V. C.	31	- L. H.	81	Lane, Reginald C.	65
Jolly, S. D. A.	35	Keppel, B. W. A.	69	- Richard C.	95
- W. C.	44	Kerr, R. E. J.	8	Long, J.	44
Jones, A.	80	Kerridge, B. P. A.	44	Langford, C. G.	58
- A. E.	25	Kerrison, R. F.	59	Langton, J. H.	85
- A. N. G.	7	Kett, A. E.	42	Lankester, W. J. A.	44
- C. D.	61	Kettle, W. R. D.	36	Larcom, Sir Thomas P.	44
- C. R.	10	Ketton-Cremer, R. W.	65	Large, R. C.	81
- D.	70	Kibble, D. P.	54	Larwood, E.	70
- E. C.	22	Kidd, G. J.	24	Last, R. J.	49
- E. L	99	- J. H.	63	- T.	54
- H. B.	65	Kiddell, A. C.	74	- V. W.	44
- J. W. B.	24	Kiddle, J. A. C.	34	Latham, D. R.	33
- L. E.	59	Kidman, C. W.	86	Laugharne, O. K. S.	8
- R. A. M.	81	Kilner, G.	53	Laurie, W. J.	78
- R. T.	80	Kilvington, J. B.	11	Law, F. B.	70
- S. D.	7	King, C.	63	Lawrence, C. J.	80
- S. G.	9	- E. M.	74	- E. R.	53
- W.	69	- H. H.	35	- H. M.	53
Jopling, J.	88	- H. T.	11	- H. P.	53

Lawrence, R. T.	70	Lloyd, G.	100	Macfarlane, G.	8
Layton, H. F.	3	Lobban, A. V.	48	Macfarlane-Grieve, G. M.	88
Leach, R. W.	5	Loch, The Lord	58	Macfie, H. D.	100
Leathes, C. de M.	61	- S. G.	78	McGrath, J. W.	9
Lecky, R. L.	74	Lockyer-Nibbs, A. T. G.	22	McGuffie, J. R.	69
Lee, A. E.	88	Long, C.	43	McIntyre, H.	90
- A. G.	78	- C. L.	86	Mack, T.	69
- P. J.	23	- G. H.	53	McKean, R. N.	78
- S. J.	8	- H. E.	10	Mackenzie, D.	91
Leggeri, P. A.	73	- L. G. H.	86	MacKenzie, E. G.	79
Leggett, A. F.	23	- W. H.	42	McKenzie, T. R.	8
Le Good, W. C. E.	50	Longland, J. L.	8	Mackie, J.	24
Le Grice, C. E.	74	Longman, A. P.	50	Mackrill, W. B.	23
Leitch, J. J.	53	Longmate, R. E.	99	MacLachlan, J. G.	50
Lempriere, G. P.	47	Looker, J.	95	McLaren, A. R.	43
Lenton, P. L.	95	Lord, T. H.	70	- H.	26
Leonard, G. T. I.	79	Love, H. O.	89	McLaughlin, W. R.	37
- H. R.	15	Lovell, J. C.	24	MacLean, R. I.	50
Le Peton, H. G.	42	Lovering, C. D.	11	McMillan, E.	53
Lequen de Lacroix, E. J. L	43	Lovering-Moon, A.	11	Macmillan, J. D.	24
Leslie, J.	74	Lovesey, W. A.	33	McMillan, W. B.	53
Lethbridge, T. C.	88	Lowden, W. D.	63	McMillan-Scott, T. A. F.	70
Letts, E. M.	26	Lowe, A. E.	94	McMurtrie, D. S. A.	7
Lewington, C.	80	- G. H. A.	35	MacNee, E. A.	26
Lewis, A. E.	49	Lowther, A. E.	5	McNeil, J.	54
- A. H.	10	Luard, T. B.	89	McNeill, A.	38
- H. R.	10	Lucas, C. H. T.	8	McNish, M.	95
- J. H.	11	Lucie, D. W.	33	Macpherson, B.	54
- L. H.	79	Luckock, R. H.	27	MacQuarrie, A. W.	36
- P. S.	90	Lue, J. G.	33	Madden, J. G.	34
- R. F.	65	Lukies, L. H.	6	Maddever, S. H.	54
Liddle, H. W.	78	Lund, R. J.	79	Maddieson, H. J.	65
Lief, S.	11	Lunnon, W. E.	37	Madgin, R. W. W.	8
Light, H. F. T.	6	Lusher, W. S.	65	Magnus, V. M.	24
Limb, N. W.	9	Lyall, R. A.	80	Magor, R. K.	34
Lincoln, A. P.	63	Lyall-Grant, Sir R. W.	59	Mailer, J.	95
Lindsay, J.	78	Lyne, T. G.	42	Mailing, L. A.	95
- T.	32	Lyster, R. G.	31	Maitland, J. K.	9
Lindsay-Smith, H.	73			Makins, E.	61
Lindsay-Thomson, A. M.	2	M		Mallett, S. H.	59
Linfoot, G. C.	26			Mallon, W. A. R.	61
Linford, H.	79	Mabey, A. R.	6	Malone, H. E.	42
Ling, E. M.	9	MacArthur, R. A.	80	Mander, A. J.	80
- E. W.	61	McCallam, J. B.	17	Manders, E. W.	15
Lintern, E. E. C.	81	McClelland, J.	69	Mangles, C. G.	34
Lishman, J. E.	23	McCombie, W. H.	63	- R. H.	35
Lithgow, S. P. L. A.	42	McCready, B. H.	36	Manley, F. C.	25
Littaur, C.	33	- Rev. M. P.	36	Mann, E. J.	69
Littlefair, G. H. F.	100	Macdonald, G. G.	53	- J. R.	54
Littlewood, C. E.	59	McDonald, J.	99	Manning, B. W.	43
- C. G.	85	Macdonald, W. G.	11	- G. W.	78
Livings, C. H. O.	54	Macdonell, J. F.	95	- J. R.	90
Lloyd, D. H.	86	Macey, A. E.	23	Mansfield, A. J.	95
				- C.	8

Name	Page	Name	Page	Name	Page
Mansfield, C. H.	95	Meadows, C. A. G. P	47	Moor, F.	63
Mapleson, S.	21	– G. W.	17	Moore, E.	23
Mara, J. P.	78	– R.	11	– F.	36
March, W.	41	Measures, L. J.	95	– P. E.	53
Margesson, Hon. H. D. R.	1	Medlock, G. W.	79	– P. F.	100
		Mee, J. T. M.	65	– S.	69
Marks, F. T. M.	35	– R. F.	50	– V. T.	80
– R.	78	Meek, L. B.	35	– W. T. S.	91
– W. H.	80	Meighan, B. J.	15	Moreton, G.	61
Marques, C. A.	8	Meiklejohn, Rev. R.	65	Morgan, H. N.	63
Marriott, F. K.	44	Melton, A. L.	70	– R. M.	80
Marsden-Jones, V.	44	Melvill, T. P.	74	Morris, A. H.	42
Marsh, E. C.	89	Menzies-Kitchin, A. W.	86	– F. W.	63
– S. J.	38	Mercer, F.	10	– J. W.	17
Marshall, A. H.	80	– T. G.	10	– P. J.	22
– A. W.	89	Messum, H. R.	11	Morrish, S. A.	61
– F.	22	Metten, H. D. J.	91	Morrison, C. L.	17
– G.	7	Michael, J. P.	33	– J. B.	9
– H. J.	69	Mieville, W. S.	80	Morriss, H. L. L.	86
Marsters, A. L.	74	Miles, A. R.	61	Morse, F. J.	61
Marston, J. E.	27	– B.	100	Morsley, H. W.	42
Martin, A. T.	10	Millar, A. A.	11	Mortimer, W.	10
– E. P.	80	– C. F. S.	15	Mortimore, H. W.	8
– G. C.	10	– G. A.	26	Morton, R.	58
– T. A.	38	Miller, G. N.	47	– W. E.	99
Martineau, P.	7	– J. A.	80	Moss, T. W.	23
Marwood, G. H.	70	– J. B.	33	Mottram, R. H.	63
Maslin, J. M. F.	9	– R. H. N.	80	Mounsey, J. G.	15
Mason, P. J.	38	– T. F.	80	Mount, F. W.	22
– S. G. H.	15	– W. C.	89	– R. W. E. M.	23
– T. J.	65	Mills, C. F.	65	Moyes, A. H.	42
Massey, J. S. W	59	– E. W.	63	Muir, D.	10
Masters, H. A.	9	– F. G.	50	– G. S.	49
Mather, C. J.	42	– R. R.	22	– J. G.	26
Mathews, H. S.	3	– R. T.	81	Mulcaster, S.	95
– W. T.	55	Milne, I. R. B.	54	Mullis, F. L.	23
Matthew, B. J.	88	Minchin, R. S.	42	Mumford, R. J.	23
Matthews, F. M.	26	Miners, A. B.	15	Munday, G. C.	99
– G. J. J.	31	Minns, C. R.	42	Mundy, P. C. D.	88
– R.	22	Misselbrook, B. L.	61	Mungo-Park, R. H.	27
– R. R.	63	Missen, P. A.	59	Munn, F. L. R.	78
– W. H.	6	Mitchell, G. D.	80	Munns, H. A.	91
– W. J.	89	– G. F.	23	Munt, R. W.	78
Maurice, L. S.	85	– J. B.	69	Muriel, J. H. L.	24
Maxwell, H. St. G.	47	– R. B.	36	Murray, G. H.	37
Mayall, R. C.	10	– W. H.	53	– H.	32
Mayes, C. P.	23	Mitford, Hon. J.	9	Musker, H.	53
– F. J.	69	Mobbs, P. W.	42	Mutimer, C.	69
Mayhew, J. H.	49	Molyneux-Berry, C. T. B.	31	Myers, G. H.	89
Mayne, J. H.	70	Monk, H. A.	53	Myhill, H. T.	27
Mead, F.	80	– W. J.	69		
– P. J.	61	Monson, C. S.	73		
– W. C.	86	Montgomery, C. W.	95		
– W. H.	99	– H. W.	95		

56455-1(70)

xii

N

Name	Page
Naish, J. S.	43
Nalder, L. F.	34
Napier, D. C. T. D.	99
Napier-Martin, J. G. F.	36
Nash, C. M.	88
– R.	15
– W. C.	80
Naylor, R. C.	35
Neale, A. S.	94
– D. H.	17
– N. G. J.	79
Neave, R.	32
Needham-Davies, E. N.	53
Neild, W. C.	33
Nelson, A. H.	43
– W. J.	74
Nesling, R. C.	44
Newell, W. J.	11
Newham, H. B. G.	53
Newill, R. W.	17
Newlove, J. L.	8
Newman, Sir, C. G. J.	7
– W. A.	65
Newport, P. G.	11
Newsom, J. H.	8
Newton, F.	78
– G.	23
– W. H.	94
Nice, T. W.	48
Nicholas, B.	34
Nicholls, C.	69
– H. F.	31
– R.	61
– W. H.	8
Nicholson, L. H.	78
Nicker, B. W.	38
Nimmo, A. A.	78
Noakes, E. J. W.	9
Noal, A. H.	43
Nobbs, E.	17
Noble, F. H. N.	25
Nockles, W. E.	55
Noel, B. V.	61
Norman, B. T.	85
– H. R.	34
North, R.	74
– T. R.	8
Northcote, C. S.	47
Northfield, S. M.	50
Northover, R.	10
Northwood, L. B.	80
Norton, J.	70
Norton, J. S.	35
Norwood, H.	50
Nott, D. P.	36
– E. F.	7
Nowell, J. C.	43
Noy, G. S.	69

O

Name	Page
Oakden, J. G.	59
O'Bryan, C. W.	78
Odom, J. H.	33
Ogilvie, G. M.	24
O'Hara, L. R. P.	58
Ohlman, P.	55
O'Kelly, H. K.	11
Oldfield, A. G.	78
Oldham, R. D'O.	7
Oldman, P. A.	53
Oldroyd, L.	61
Oliver, G. S.	47
O'Neil, H. J.	23
Orange, J. T.	73
Orbell, J. A.	100
Orgill, E. F.	48
Ormes, A. H.	49
Osborn, J.	25
Osborne, A. R.	74
– R. J.	38
Ovey, D.	49
Owles, A. E.	42
Oxborrow, C. W.	17
Oxley, C. D.	85
– R. C.	37

P

Name	Page
Page, A. S.	33
– G.	61
– R. E. J.	33
Paish, F. W.	89
Paisley, E. H.	43
Palmay, R.	34
Palmer, G. C.	81
– H. J.	23
– J. G.	65
– L. G.	50
– S. D.	8
Parish, W. E.	78
– W. G.	36
Parke, C. W.	74
Parker, H. M.	27
Parker, J.	31
– J. O.	36
– R. C. O.	31
– R. E.	70
– R. H.	88
– R. M.	65
Parkes, B.	81
Parkinson, A. R.	78
– C.	73
– E. B.	94
Parr, J. S.	32
– W. H.	54
Parrish, F. B.	79
Parrott, S. A.	81
Parslow, J. E.	65
Parsons, T. R.	94
– W. N.	36
Part, D. C.	80
Partridge, E. C.	70
– F. T.	69
– W. C.	32
Pateman, R. B.	7
Paterson, J.	88
– T. F.	41
Patman, E.	99
Paton, N. F.	43
Patrick, W.	54
Patrickson, W. N.	86
Patterson, J. C.	8
Pattinson, C. A.	70
Pattison, E. S.	32
Paulin, W. S.	37
Pavey, H.	37
Pawsey, E. G.	48
Pay, A. T.	95
Payne, E. A.	50
– H. E. A.	54
– J.	63
Payton, T. G.	80
Peake, C. A.	17
Pearce, F. V.	86
– S. V.	34
Pearse, F. A. W.	37
Pearson, W. S.	50
Pease, C. A.	10
Peck, H. J.	32
– R.	73
Peden-Wilson, D.	63
Peek, L. M.	23
Peet, T. O.	10
Pell, J. M.	42
Pelly, H. R.	24
Pennycook, W.	80
Percival, A. G.	69

Percival, R. L.	22	Porter, C. L.	37		Q	
Perfitt, J. L.	69	— E. L.	37			
Perkins, A. L.	38	Posth, C.	100	Quackett, H. S.		5
Perks, P. J.	17	Potter, A. A.	53	Quinlan, D.		54
Perrin, E. E.	50	— A. B.	3			
— W. E.	23	— Cecil F.	33			
Perry-Warnes, S. H.	65	— Charles F.	86		R	
Petch, C. A.	53	— E. F.	35			
Peters, B. G.	10	Pottie, W.	81	Raby, H.		95
— D. L.	80	Potts, R. G.	34	Rackham, G.		7
Pett. H. B.	23	Poulson, W.	38	Radmore, T. T.		7
Pettingale, F. E.	54	Poulten, H. J.	24	Raker, D. J.		54
Pettit, J. E.	43	Povey, E. W.	32	Ralph, H. W.		55
Phear, H. W.	88	Powditch, S. B.	44	Ramsden, R. E.		47
Phillips, A.	80	Powell, A. G. P.	55	Rance, A. W.		38
— E. C. M.	5	Pownall, Sir H. R.	1	Randall, A. H.		11
— F. E.	100	Powys-Maurice, F. L.	95	— C. F.		9
— H. C. B.	80	Poyser, F. C.	42	— E. W.		31
— H. F. B	31	Pratt, A. E.	23	— H. S.		8
— L. E.	31	— E.	70	Randle, F. H.		23
— W. G. B.	43	— E. R.	73	Rangecroft, W.		103
— W. N.	85	— G. T.	80	Ransom, D. H.		15
Philpotts, J.	50	— H. E.	42	Ranson, W. R.		49
Pickford, P.	59	— O. S.	7	Rasch, Sir F. C.		31
Picton, C. J.	7	— W. A.	17	Rashleigh, R. N.		36
Pike, A. R.	65	Preston, R. J.	58	Raven, G. V.		24
— O. G.	80	Price, H.	80	— R. H.		25
Pilkington, H. C.	7	— J. E. B.	23	Rawlins, C. W.		78
Pillans, G. S.	23	— J. S.	50	— F.		78
Pine, T. F.	38	— W. T. H.	7	Rawlinson, H. J.		35
Pinkerton, J. M.	32	Priest, A. E.	48	Rawsthorne, W. J.		80
Pinnington, M.	78	Priestland, F. E.	11	Ray, C. H.		73
Pipe, A. D.	44	Priestley, J. H. S.	63	Rayner, G. S.		48
Piper, A. G.	26	Prior, B. H. L.	61	Rayns, R. E. M.		9
Pitcher, D. le G.	61	— C. B.	86	Read, E. W.		42
Pitkin, A.	15	— J. H.	70	— F. G.		49
Platten, P. J.	61	— J. R.	74	— R. C.		38
Player, W. G.	17	Pritchard, C. H.	48	— R. J.		69
Pledger, G. E.	86	Probyn, T. B.	69	Ream, T. H.		79
Plowman, T. H.	81	Propert, S. A.	35	Reavell, K.		50
Pluck, N. J. E.	48	Prothero, H. J.	17	Redgwell, J.		34
Plumb, R.	79	Prowse, C. A. S.	50	Reed, M.		54
Plummer, A. F.	10	Pryor, W. M.	7	Reeve, C. J.		44
— G. R.	54	Pull, R. F.	74	Reid, F.		3
Pocock, H. E. P.	9	Pullen, B. I.	34	— J. D.		9
Pole, C.	33	— M. M.	69	— W. B.		79
Pollard, A. H.	15	Pulman, W. P.	69	Reiss, H. B.		25
— R. P.	37	Purdy, T. W.	59	— R. L.		9
Polley, J.	38	Purkiss, F. N.	17	Revillon, J. W.		43
Pollock, N. F.	59	Pursehouse, E.	58	Reynolds, A. E.		10
Pond, E. W.	63	— W. H.	69	— Charles H.		80
Poppleton, A.	74	Puxley, H. W. L.	7	— Clifford H.		3
Porteous, P.	89	Pye, A. E.	42	— J. H.		31
Porter, A. D.	26	— H. J.	59	— L.		32

56455-1(81)

Name	Page	Name	Page	Name	Page
Reynolds, R.	9	Rose, D. B.	35	Salaman, S. M. A. M. C.	55
Rhodes, A.	25	– E. C.	95	Sale, E. W.	63
Rice, R. C. P.	7	– W. H.	79	– J. C.	65
Richards, G.	23	– W. J. H.	79	Salmon, H. A. C.	65
– W.	42	Roshier, F. W.	63	Salter, W. E.	70
Richardson, E. K.	32	Ross, A. H.	11	Sampson, S. J. M.	53
– K. S.	26	– J.	103	Sanders, W. C. H.	22
– R. G.	7	– R. M.	23	Sanderson, D. H.	61
– S.	100	Rought-Rought, R. C.	53	Sandys, E. D.	1
Richens, H. E.	63	Round, C. J.	34	Sangster, C. B.	86
Riches, E. M.	69	Routh, A. L.	88	Sapte, F. F.	17
– J. V.	48	Routledge, M. G.	27	Sargeaunt, J. E.	10
Ridley, G. V. N.	31	– V.	25	Sargent, E. J.	54
– W. P. N.	26	Rowbury, L. J.	63	– J. E.	38
Riley, G. A.	22	Rowe, C. W. D.	94	Saunders, A. A.	61
– P.	42	– J. B.	23	– A. G.	8
Ringer, E. H.	74	– L. S.	43	Saville, W. B.	31
Rippon, E. S.	37	– W.	74	Sawyer, H. H.	24
Risk, J.	43	Rowell, F. E.	94	Sayer, H.	36
Ritchie, J. D.	7	– K.	79	– J. A.	69
– W.	26	Rowland, P.	50	– R. P.	65
– W. L.	44	Rowley, A. T.	7	– S. D.	53
Rix, G. W.	44	– Sir C. S.	55	Scarff, F. E.	53
Roberts, A. B. L.	24	Rowsell, C. H.	9	Scheidweiler, F. C.	33
– H. S.	23	Royds, W. M.	47	Scholey, C. V.	59
– O. F. T.	80	Royston, E. R.	88	Schwier, W. C. V.	26
– P. G.	73	Ruane, A.	63	Schwind, C. H.	86
Robertson, D.	11	Rudd, B. J.	81	Scott, C. A. R.	34
– D. C.	53	Rudland, T. M.	48	– G. A.	6
– P. G. M.	48	Ruffel, S. J.	35	– J. J.	36
– R. D.	11	Ruffett, H.	17	Scrimgeour, H.	44
– W. C.	32	Ruggles, H. G.	80	– H. C.	44
Robinson, Albert E.	95	Ruggles-Brise, Sir		Scrivener, A. P.	44
– Arthur, E.	38	E. A.	21	Scrivenor, J. B.	78
– G.	48	Rumsey, A. H.	22	Seagrave, W. G.	88
– H. A.	44	– C. R.	94	Seal, O. R.	33
– J. J.	73	Ruse, G.	86	Seamer, S.	73
– L. V.	42	Rushton, D. B.	31	Seeley, H.	33
Rodger, J. B.	78	Russell, C. R.	70	Seggons, A. J.	44
Rodwell, K. H.	34	– R.	11	Self, A.	69
– W. H.	48	Ruston, E. O.	95	Semple, L. G.	103
Roff, L. G. J.	6	Rutter, E. L.	80	Seniscall, W. J.	95
Rogers, D. N.	6	– W. G.	69	Serjeant, F. R. M.	94
– S. E.	94	Ryan, J. A.	8	Setchell, G. F.	78
– W. P.	10	Ryder, L. A.	11	Setterfield, T. A.	38
Rolfe, E. W.	49	Ryley, E. H.	2	Seward, F. W.	24
– G. O.	43			– W. R.	55
Rooke, G. D.	38			Sewter, A. M.	99
Rooker, T. G.	7	**S**		Sexton, F. A.	63
Rooksby, D.	47			– F. G.	17
Rooney, T.	15	Sabiston, H. M.	31	Shanks, A. J.	15
Rope, G. A.	44	Sadd, J. G.	31	Sharp, H. H.	73
– H. G.	49	Sage, C. J. W.	36	– R. J.	80
Roper, E.	53	Salaman, R. N.	7	Sharpe, A. J.	10

56455-1(82)

Name	Page	Name	Page	Name	Page
Sharpe, H. W.	63	Smith, Herbert G.	17	Standfield, W. J.	74
– N. F.	80	– H. L.	70	Standley, F. R.	63
– Sir W. R. S.	6	– H. N.	17	Stanley, N.	48
Shaughnessy, F. B.	33	– H. W.	53	Stannard, F. C.	49
Shaw, S. E.	33	– J. de C.	61	Staples, A. J.	10
Sheaves, H. E.	6	– J. H.	10	Stapley, F. W.	63
Shepherd, D. H.	103	– John Robert	99	Starey, S. H.	78
– J. W.	8	– John Rowland	48	Starkey, F.	100
Sheppard, S. G.	53	– K. T.	81	– H. Y.	38
– T. S.	22	– P.	33	Starling, K. S.	58
Shepperson, A.	100	– Percival L.	54	Stearn, A. E.	49
Short, H. S. E.	78	– Philip L.	15	Stebbings, G. H.	10
– W. J.	61	– R. M.	17	Steed, A. J.	70
Shorter, R. G.	59	– R. O.	78	Steel, C. H.	27
Shuffrey, R. A.	10	– S. W.	63	– R. W.	63
Siddall, E.	90	– S. S.	78	– W. L.	58
Sidney, A.	44	– T. H.	100	Steen, S. W. P.	89
Silberrad, H. E.	47	– V. J.	81	Steer, M. D.	42
Simmons, P. N.	23	– W. (Isle of Ely)	81	Steggles, H.	26
– S. F.	49	– W. (Berkhamsted)	90	Stephenson, J. H.	81
Simpson, G. J. R.	74	– W. (Luton)	99	Stevens, C. A.	90
Sims, R. W.	80	– W. J.	44	– N.	54
Sinclair, Sir R. J.	1	Smitherman, W. H.	33	– V. H.	26
Sissen, S. H.	33	Smurthwaite, F.	17	Stevenson, C. W. H.	24
Skinner, A. S.	81	Smyth, T. H.	79	Steward, E. M.	69
– E. F.	23	Smythe, O. P.	63	Still, C. H.	94
– E. J.	80	Snell, A. C.	48	Stimpson, B.	65
– E. M.	34	– E. L.	31	– F.	74
– J. H. McI.	69	Snushall, G.	99	– S. A.	69
Skipper, H. J.	53	Soames, A. A.	35	Stock, E. G.	86
Slade, H. A.	31	– M. H.	8	Stockdale, F. H. G.	100
Smale, A. V.	99	Somerleyton, The Lord	41	Stodart, J. C.	9
– F. W.	22	Sopp, A.	7	Stokes, H.	94
Smallbone, E. G.	23	Souster, S.	15	Stone, W. A.	80
Smart, R. H.	22	Spafford, A. O.	103	Stonebridge, W. C.	10
Smedley, W. V.	99	Spellman, J. E. M.	47	Stoodley, C. W. C.	94
Smee, J. W.	17	Spencer, J. W.	73	Stooke-Vaughan, J. S.	43
Smith, A.	44	– J. L.	49	Storey, A. R. H.	95
– A. D.	11	– L. N.	17	– H.	95
– A. J.	23	– S.	38	Stowe, P. W.	79
– B.	80	Spendlove, S. E.	42	Street, S. A.	38
– B. M.	81	Spickernell, Sir F. T.	9	Streeter, T. T.	6
– B. P.	34	Spooner, P. J.	63	Strong, J. P.	95
– Cecil	90	Sprake, P. F.	42	Stuart, E. C.	49
– Cyril	85	Springfield, M. O.	44	Stubbings, J.	86
– C. N.	43	Sprunt, E.	44	Sturgeon, W. J.	53
– D. I.	69	Spurrell, W. J.	65	Styles, S. G.	23
– E.	79	Squirrell, P. L.	55	Surkitt, J.	79
– E. F. D.	58	Stagg, W. P.	37	Sussams, W. L.	63
– F. B.	49	Stallard, S. F.	35	Sutcliffe, T. C.	8
– F. J.	99	Stammer, A. C.	35	Sutherland, G. G.	9
– G. R.	69	Stamper, T. H. G.	6	Sutton, B. H.	95
– H. C. H.	53	Stanbridge, H. J.	78	– J.	32
– Henry G.	86	Standen, F. A.	95	Swaby, B.	100

56455-1(83)

Swan, J. W.	7	Thompson, C. R.	81	Turner, R.	54
Swann, Harold	6	– E. A. H.	65	– S. J.	48
– Humphrey	11	– H.	54	Turrell, M. H.	90
Swift, C. H. J.	35	– H. M.	63	Turtle, H.	23
Swindells, F. H.	70	– L.	23	Tusting, J. C.	78
Swire, J. K.	25	– R.	86	Tuttle, E. W.	41
Sworder, C. W.	8	Thomsett, H. S.	38	Twiddy, L.	70
– F. R.	8	Thomson, E. W.	23	Twiss, C. C. H.	61
Sykes, A. G.	74	Thorby, P. E.	23	Twitchett, C. C.	86
		Thorndycroft, H. W.	22	Tyce, C. G.	63
		Thornton, H. G.	10	Tyler, A.	35
T		– H. T.	61	– E. H.	11
		– W. T.	59	– E. L.	23
Tabor, H. E.	9	Thorogood, G. R.	22	Tyrwhitt Drake, C. W.	6
Tallyn, B.	88	– M. G.	50		
Tann, W. W.	61	– R. G.	80		
Tarbard, O.	48	Thorpe, J. E.	54	**U**	
Tatham, T. E.	8	Thwaites, N. G.	11		
– W. H.	5	Tilden, E. D.	88	Underwood, F. A.	80
Tattersall, V. R.	22	Tillett, A. R.	50	– F. B.	23
Taunton, A. L.	59	Timms, W. D.	8	– J. W.	65
Tavener, S. P.	25	Tindill, A. G.	24	Upjohn, F. H.	86
Taylor, A. L.	69	Tingle, J. C.	33	Upton, E. A.	8
– A. R.	61	Tippett, R. C.	34	Usher, T. C.	7
– A. W.	42	Todd, H. M.	10		
– B. F.	43	– W. J.	44		
– B. J.	38	Todhunter, B. E.	25	**V**	
– Edwin W.	10	Tolley, L. L.	90		
– Ernest W.	37	Tomalin, R. C.	23	Vale, G. R.	44
– H. V.	59	Tombleson, C.	100	Vallance, G. W.	25
– J. A.	9	Tomkin, J. W. R.	53	Vanneck, Hon. A. N. A.	41
– J. R.	78	Tomson, M.	7	Varley, C. D.	86
– S.	11	Tookey, W. H.	22	Vasey, G. H.	69
– T. R.	15	Torrens, H. P.	95	Vaughan, C. G.	7
– T. T.	86	Tough, M. B.	35	Veasey, T. H.	6
– W. J.	86	Towers, A.	63	Veitch, H. C. C.	95
Teague, A. C.	17	Townsend, T. C.	47	Vellacott, P. C.	2
Tearle, C. H.	38	Treadgold, J. R. W.	42	Venner, A. K.	17
Tempest, F. L.	48	Tuck, C. H. A.	55	Venning, Sir W. K.	1
Temple, H. J.	48	Tucker, F. S.	22	Vereker, M. C. P.	70
– W. F.	65	Tunbridge, S. T.	65	Verney, U. O. V.	2
Terrey, C. F. I.	22	Tunnicliffe, J. A.	32	Verschoyle, P. D.	37
Terry, J. H. W.	74	Turnbull, A. W.	63	Vick, L. F.	80
– L.	86	Turner, A.	73	Vickers, J. W.	34
Teverson, H. G.	73	– A. M.	34	Vincent, F.	79
Thacker, C. D.	31	– C. E.	63	Vincenzi, L.	10
– R. H.	7	– C. R.	65	Vincer, F. G.	33
– S.	7	– D.	81	Vinnicombe, G. G.	49
Thackeray, T. F. M.	70	– G.	7	Vranch, V. C.	11
Thain, P. E.	74	– H.	48		
Theron, D. S.	7	– H. P.	35		
Thomas, B. C.	36	– H. R.	8		
– L. L.	55	– P. E.	63		
Thompson, A. J.	90	– P. G.	95		

56455-1(84)

W

Name	Page
Wade, E. D.	11
Wade-Gery, R. I.	78
— W. R.	79
Waggett, C. J.	15
Wainright, C.	59
Wainwright, E. D.	6
— F. R.	69
— R. S. L.	34
Waite, A. G.	86
Walde, R. S.	25
Waldram, H. G.	24
Walker, A. A.	69
— A. E.	79
— C. H. G.	65
— C. T.	25
— E.	8
— E. C.	54
— G. W.	100
— J. B.	53
— W. R.	61
Walkling, E. J.	85
Waller, A. J.	88
— A. J. R.	35
— C. A. P.	47
Waller-Stephens, L. J.	95
Wallington, J.	15
Wallis, R. J.	80
Walmesley, A.	78
Walsh, T.	79
Walter, F. E.	41
Ward, A. E.	99
— A. O.	6
— C. H.	61
— H. M. A.	36
— S. C.	61
— W. W.	42
Warde, G. E.	15
Wardill, H.	10
Wardle, G. N.	74
Wardman, H. S.	38
Wardrop, W. E. D.	21
Ware, J. R.	70
Warner, A. E.	90
— C. A.	88
— R. G.	61
— W. R.	37
Warren, G. C.	10
Waters, F. G.	7
— J.	85
— R. S.	10
— S. H. G.	54
Waterson, R. J.	36

Name	Page
Watkins, A. E.	7
Watsham, H. J.	61
Watson, A. E.	89
— C. L.	53
— F. C.	35
— F. E.	22
— H. D.	35
— J. F. B.	74
— J. S.	78
— T. F.	89
Watson-Baker, W. E.	80
Watt, W. O.	37
Watts, G. R.	6
— J. S.	31
Wayne, R. F. St. B.	69
Wearn, C. E.	38
Weatherhead, G. J.	91
Webb, B. H.	89
— C.	88
— C. H. M.	53
— H. L.	86
— J. D.	86
Webster, G. R.	78
— J. B.	50
Wedderburn-Ogilvy, W. G.	95
Weedon, J. W.	80
Weeks, L.	33
Welford, C. R.	24
Weller, G. J.	81
Weller-Poley, E. H.	55
Wells, A. C. W.	63
— D.	33
— F. G.	15
— V. G. A.	79
Wenham, J. K. L.	10
Went, H. S. D.	81
West, B. H.	73
— C. A.	99
— H.	73
— R. E.	89
— Reginald W.	10
— Robert W.	21
— W. A.	42
Westendarp, C. G.	49
Whaites, R.	69
Wharf, H. W.	61
Wharton, C.	65
— H.	65
Wheatley, M.	74
— S. J.	78
Wheeler, L. F.	80
— M. W.	48
Whincop, A. N.	37
Whiskin, C. W.	8

Name	Page
White, A. J.	9
— C. A.	79
— J. D.	25
— J. P.	78
— R. A. V.	8
— S. J.	22
Whitehead, F.	23
— R. F.	79
Whitelaw, J. D. A.	17
Whiteley, F. G.	81
Whiteman, J. M.	25
Whitlock, D. W.	88
Whitmore, S. C.	50
Whittacker, C. P.	74
Whittington, G. H.	99
Whittlesea, A.	100
Whitworth, J.	69
— W. H. A.	44
Widdicombe, G. E.	54
Wiffen, A. W.	54
Wigan, D. G.	47
Wigg, E. W.	33
Wiggle, G. F.	94
Wight, A. N.	23
— C. H. (Lt.)	54
— C. H. (Maj.)	43
Wightman, R. E.	42
Wigley, H. S.	33
Wilbraham, T. R.	2
Wilcox, W. A.	80
Wilde, E. A.	6
Wilkes, J. F.	27
Wilkins, L. S.	11
Wilkinson, S. F.	86
Willans, F. R.	17
Willcocks, R. W.	33
Willcox, R. V.	53
Willey, R. J.	80
Williams, A. A.	53
— B. H.	55
— C. A.	7
— C. E.	17
— E. F.	24
— F.	24
— F. G.	50
— G. F.	43
— J. W. M.	25
— M. E.	53
— R. D.	50
Williamson, E. E.	74
— Hon. G. H. G.	15
Willis, E. A.	80
— J.	94
Willmott, W. G.	7

xviii

5C455-1(85)

xix

Wilshere, G. H. G.	9
Wilson, C. B.	59
- C. H.	78
- C. S.	54
- C. T.	15
- D. G.	6
- G. C.	43
- H. H.	61
- J.	23
- J. F.	8
- J. G.	33
- P. J.	90
- S. H. 3 Bn. Suffolk R.	54
- S. H. 10 Bn. Suffolk R.	55
- T. G.	17
- W. C.	36
- W. E.	95
Winch, S. B.	65
Winder, H. W.	21
Wingfield, C. A. F.	73
Winstanley, W. E.	44
Winter, F. B.	44
Wintle, C. E. H.	50
Wisdom, R. H. C. O.	55
Wiseman, B.	61
Wittering, H. W.	8
Witton, E. G.	70
Wollard, R. C.	35
Womersley, W. D.	85
Wontner, E. S.	53
Wood, A. B.	17
- A. H.	79
- B.	24
- C. A. H.	78
- D. J.	35
- E. F. M.	36
- E. H.	59
- F. A.	100
- H. H. C.	78
- R. C.	44
- R. P.	26
- W. B.	53
Woodall, W. H.	79
Woodard, J. C. G.	86
Woodcock, W. J.	5
Woodhouse, J. H.	31
Woodley, F.	90
Woodrow, S. A.	99
Woods, C. E.	58
- F. C.	70
- P. C.	15
Woodward, G.	74
Woof, H. V.	78

Woollard, R. C.	35
Wocsnam, H.	9
Wormington, W. T.	21
Wortley, J. E.	53
- W. H. F.	65
Wotton, E. J.	79
Wrathall, W. P.	7
Wray, H. E.	61
Wright, A. St. J.	31
- B. V.	7
- C. F.	99
- C. G.	86
- E. W.	43
- F. T.	43
- G. J.	9
- T.	61
- W. A.	73
Wyatt, E. R. C.	41
Wykeham-Musgrave, A. G.	11
Wyld, R. V.	6
Wyles, W. N.	49
Wylie, W. A.	55
Wymer, F. J.	3

Y

Yarnold, W. H.	95
Yarrow, H. J. T.	53
Yates, E. R.	26
- H. P.	88
Yeats-Brown, F.	11
Yeoman, R. A.	26
Young, A. L.	55
- E. G. D.	26
Youngman, A. C.	70
- J. J.	70
- J. O.	43
Youles, A. E. D.	48

www.ingramcontent.com/pod-product-compliance
Lightning Source LLC
Chambersburg PA
CBHW071627170426
43195CB00038B/2159